Au cœur de l'ennemi

Visitez le cœur de Soulières éditeur :
www. soulieresediteur.com

De la même auteure
pour le même groupe d'âge :

Chez Soulières éditeur :

L'Esprit du vent, 2005, Prix du jury des Grands Prix du livre de la Montérégie 2006.
Lia et le secret des choses, 2002

Chez d'autres éditeurs :

Le pouvoir d'Émeraude, éd. Pierre Tisseyre, 2001, finaliste au Grand Prix de la science-fiction et du fantastique québécois 2002.
Le cercle maléfique, éd. Dominique et compagnie, 1999
La tête dans les nuages, éd. Dominique et compagnie, 1997
C'est pas tous les jours Noël, éd. Dominique et compagnie, 1994, finaliste au Prix Brive/Montréal du livre pour l'adolescence 1995. 9e position au Palmarès des livres préférés des jeunes de Communication-Jeunesse 1996.
Un voyage de rêve, éd. Dominique et compagnie, 1993

Danielle Simard

Au cœur de l'ennemi

SOULIÈRES ÉDITEUR

case postale 36563 — 598, rue Victoria
Saint-Lambert (Québec) J4P 3S8

Soulières éditeur remercie le Conseil des Arts du Canada et la SODEC de l'aide accordée à son programme de publication et reconnaît l'aide financière du gouvernement du Canada par l'entremise du Programme d'Aide au Développement de l'Industrie de l'Édition (PADIÉ) pour ses activités d'édition. Soulières éditeur bénéficie également du Programme de crédit d'impôt pour l'édition de livres – Gestion Sodec – du gouvernement du Québec.

Dépôt légal: 2008
Bibliothèque nationale du Canada
Bibliothèque nationale du Québec

Données de catalogage avant publication (Canada)

Simard, Danielle

Au cœur de l'ennemi

(Collection Graffiti ; 45)
Pour les jeunes de 11 ans et plus.

IISBN 978-2-89607-082-4

I. Titre. II. Collection.

PS8587.I287A8 2008 jC843'.54 C2008-940636-2
PS9587.I287A8 2008

Illustration de la couverture :
Danielle Simard

Conception graphique de la couverture :
Annie Pencrec'h

ISBN 978-2-89607-082-4

58945

À vous qui connaîtrez
le monde de demain.

Remerciement

L'auteure tient à remercier le Conseil des Arts du Canada pour sa contribution à l'écriture de ce roman.

1

Tout va si bien sous le gouvernement de l'Ensemble. Il n'y a plus de pays, plus de guerres. Les hommes vivent en harmonie avec la nature. Pourquoi alors se trouve-t-il des crétins pour vouloir tout casser ?

Je n'arrive pas à répondre à cette question. Mais qui me le demande ? Mon travail est d'empêcher ces fous de réussir. Pas de les comprendre. Ça c'est clair. Ils sont mes ennemis. Ils ont même tué ma mère.

Des fois, je rêve d'être comme les gens ordinaires. Ne rien savoir de l'existence de la Société des Arrivistes Unis Contre l'Ensemble, la SAUCE. Croire que nous vivons une fois pour toutes dans un monde idéal. Sauf qu'on ne choisit pas ses parents. Les miens étaient agents secrets.

Après avoir perdu maman, papa n'a pas voulu se séparer de moi. Je l'ai donc suivi en mission. Et personne ne l'a regretté. Mes petites mains se sont glissées dans les fentes les plus étroites. Mon nez s'est fourré là où un plus long aurait vite éveillé les soupçons… Décidément, on ne se méfie pas assez des enfants.

J'ai été un atout considérable pour la Brigade Radicale Anti-Virus de l'Ensemble, la BRAVE, qui me regarde grandir avec beaucoup de tristesse.

Pendant que je m'attaque déjà à des missions d'adultes, nos chefs sont en quête de mon mini successeur. Papa et moi, c'est maintenant du pareil au même : agents secrets père et fils, vingt-quatre heures par jour, trois cent soixante-cinq jours par année !

Même aujourd'hui, en promenade dans les rues de Montréal, nous sommes sur le qui-vive. Les appareils ultra-sophistiqués de la BRAVE scrutent tout ce qui bouge, en quête du moindre ennemi fiché. S'ils en débusquent un dans le secteur, ce sera à nous de l'intercepter.

J'espère que ça n'arrivera pas. Il fait trop beau aujourd'hui. Pas envie de m'énerver. Juste envie de dériver dans le flot des marcheurs. Le soleil incroyablement doux se faufile à travers le trafic aérien. Il sautille entre les ombres pressées des autofilantes et fait sourire les gens qu'il touche.

Premier été des Indiens depuis 2020, selon l'informateur public ! Je calcule : le grand réchauffement, puis le grand refroidissement de la planète nous en avaient donc privés depuis cent soixante ans.

Si seulement ça pouvait durer. Papa se prend même à souhaiter un autre petit réchauffement.

— La terre entière en chaloupes, comme en 2043 ?

— J'ai dit « petit ». Il doit bien y avoir un juste milieu, non ?

— C'est toi qui demandes ça ?

Oh ! zut ! Papa ferme les yeux... Un appel de la BRAVE qu'il me transmet bientôt en mode télépathique :

— Ennemi repéré dans le secteur : la trentaine, blanc, 1 mètre 80, cheveux frisés noirs, sac rouge.

Pas moyen d'être tranquille ! Les membres de la SAUCE – oui, c'est leur stupide sigle – semblent se multiplier ces derniers temps. Qu'est-ce qu'ils ont dans leur tête de pseudo-révolutionnaires ? Ils s'ennuient ou quoi ?

Nous continuons à marcher comme si de rien n'était. Quoique papa ne puisse s'empêcher de plisser les yeux quand son cerveau reçoit d'autres informations et qu'il me les communique :

— Il est entré dans une boutique d'antiquités, « Au petit XXe siècle », coin Sainte-

Catherine et boulevard Céline-Dion. On pourrait peut-être l'intercepter là.

— On appelle l'autofilante ?

— Pas le temps ! On y est presque.

Sur ces mots, la Foudre décolle et fend la foule si vite que j'ai du mal à le suivre. Oui, nous nous donnons des noms de code. Papa en a choisi un qui lui convient très bien. Moi, c'est Minimax, ce qui ne me va plus tellement. Je devrai bientôt passer à Maximax.

Nous reprenons notre souffle, les yeux collés sur la vitrine de la boutique, la main en visière. Papa analyse les conditions d'opération.

— L'ennemi se trouve seul avec un vendeur. Il fait sombre là-dedans. On pourra intervenir sans qu'on nous remarque de l'extérieur. Prends ton effaceur mémoriel et règle-le à moins 15 minutes. J'endors l'ennemi. Tu te charges du vendeur. Prêt ?

— Prêt !

Papa ouvre la porte et nous entrons ensemble. Moi, digne comme l'agent secret que je suis. Papa, en se prenant les pieds dans le seuil et en traversant les airs. La Foudre ! Bang ! Il s'écrase de tout son long, la tête sur un présentoir. Badabang ! La grosse potiche sur le coco. Tic ! Toc ! Toc ! L'endormisseur qui roule sur le plancher.

Je vois comme au ralenti le marchand qui se précipite et l'ennemi dont le regard va de l'endormisseur roulant à ma jeune personne armée. Il dégaine son pétrifieur ! Je le vise avant qu'il me vise. Le rayon de mon effaceur mémoriel l'atteint en plein front, faisant irradier un halo mauve autour de son crâne. Je tire ensuite sur le marchand avant qu'il appelle au secours.

La mémoire de mes deux victimes se vide des quinze dernières minutes. Un brusque retour en arrière qui déstabilise l'ennemi. J'en profite pour m'abriter derrière un présentoir. Papa est toujours étendu, assommé sans doute. C'est maintenant lui que l'ennemi met en joue. Vite ! Je lui balance un nouveau rayon d'efface-mémoire. Et encore un autre pour le marchand !

Quelle lutte idiote ! Mes tirs ont beau soustraire quinze minutes à la mémoire de mon adversaire, dès que ce dernier se retrouve l'arme pointée sur un inconnu, il comprend le geste qu'il s'apprêtait à poser et le reprend aussitôt.

Pour éviter le pire, je me lance dans une véritable mitraille. Le halo mauve ne lâche plus la tête de l'ennemi. Entre mes impacts, son mouvement progresse néanmoins par petits coups saccadés. Je n'ai pas plus le temps de réfléchir que de poser un geste vraiment profitable, trop occupé que je suis à tirer avec cette arme débile. Sans compter qu'il va bientôt falloir la recharger.

Un jouet à cent doses !

Que faire ? Le temps de récupérer mon endormisseur dans ma poche intérieure pourrait être fatal pour papa... Une diversion, en revanche…

2

Sans cesser de tirer, je me jette à découvert sur l'arme échappée par la Foudre. Comme je l'avais escompté, l'ennemi me prend maintenant pour cible. Il réussit même à presser sur la gâchette. Heureusement, ses pertes de mémoire à répétition lui nuisent : son rayon me frôle, mais ne m'atteint pas.

Ça y est ! De la main gauche, j'attrape l'endormisseur de papa, tout en continuant d'effacer de la droite la mémoire de l'adversaire. Et hop ! Mes armes changent de main. Cette fois, j'attaque l'ennemi avec l'endormisseur, en même temps qu'il se ressaisit et me vise. Tac ! Dès que j'ai tiré, je roule sur le côté, évitant le rayon pétrifiant d'un poil. L'ennemi, lui, s'écroule. Et retac ! J'endors aussi le vendeur médusé.

Je me relève et papa en fait autant. Quel à-propos !

— Bravo, la Foudre ! Du très beau travail !

Il a l'air si penaud que je n'en rajoute pas. Je me contente de lui remettre son arme.

Nous transportons les deux hommes dans l'arrière-boutique. Le marchand serait-il membre de la SAUCE ? Dans le doute, nous lui effaçons une bonne heure de mémoire.

Encore heureux que son commerce ne soit pas plus fréquenté !

Nous sortons par derrière. La ruelle est déserte. On ne peut souhaiter meilleur endroit pour appeler l'autofilante. Le temps de quitter son parc aérien, à une centaine de mètres d'ici, elle nous apparaît, toute clignotante dans sa descente. Il s'agit bien sûr d'un modèle familial, très utile pour loger des passagers endormis.

Peu à peu, je retrouve mon calme. Les missions de capture sont si délicates ! Non content de braver la mort, l'agent risque de se voir condamné à une chirurgie plastique. C'est le prix à payer si l'ennemi vous échappe avec toute sa mémoire et, du même coup, la capacité de vous identifier.

— Je suis désolé, murmure papa en refermant la portière de la voiture. Vraiment, c'est impardonnable…

Comment lui en vouloir ? Je lui fais un clin d'œil.

— Disons que ce faux-pas restera entre nous.

— Merci, Max ! Je te revaudrai ça.

L'autofilante nous emporte vers le centre de contrôle de la BRAVE, où nos experts cuisiniers prendront soin de notre capture. Ils lui feront rendre tout son jus jusqu'au dernier renseignement, lui effaceront ensuite la mémoire au complet, puis la reprogrammeront correctement. Ainsi apprêtée, la brebis égarée pourra réintégrer le système sans danger.

Ces missions valent le risque, puisqu'elles nous procurent tout à la fois de précieuses informations, un ennemi de moins et un bon citoyen de plus.

En vol, papa se tourne vers moi et sourit. Nous nous en sommes tirés, encore une fois. Victor et Maxime Bolduc sont les plus grands agents secrets de tous les temps ! Avec maman, bien sûr… La merveilleuse Renarde, lâchement pétrifiée dans le dos.

Souvent je vais la voir dans la crypte de la BRAVE. Son corps y est exposé, avec ceux d'une vingtaine de nos héros, sa grande beauté préservée à jamais par la pétrification. Mais maman, elle, ne me voit pas, ne me sourit pas…

Je voudrais sauter au cou de papa et l'embrasser, comme quand j'étais petit. Dans l'action, je n'ai pas eu le temps d'avoir vraiment peur, mais je saisis maintenant à quel point on l'a échappé belle. Sans moi, la Foudre allait rejoindre sa Renarde.

Les larmes me montent aux yeux alors que nous survolons la croix du Mont-Royal. Papa n'en voit rien. Attentif, il suit le corridor assigné. Avec un prisonnier à bord, il vaut mieux éviter tout incident. La BRAVE est une société à ce point secrète que même la police conventionnelle en ignore l'existence.

Notre auto file donc parmi les autres, pareille aux autres. Au-dessus de nous, dans les aérotrains bondés, comme au-dessous, dans les rues ou les bâtiments, des millions de gens croient connaître le monde où ils vivent. Tous sont pourtant aveugles à la lutte que le Bien et le Mal se livrent, presque sous leurs yeux. La lutte sans merci entre la BRAVE et la SAUCE. Toute chose n'est pas bonne à connaître et, dans sa grande sagesse, l'Ensemble veille à ce que ses citoyens puissent travailler en paix, sans se savoir surveillés, analysés et protégés. Sans même savoir leur bonheur menacé.

Papa et moi irions jusqu'à donner nos vies pour sauvegarder ce précieux équilibre ! Chaque fois que j'y pense, mon cœur se gonfle de fierté.

Tiens, encore un appel de la BRAVE ? Papa ferme l'œil droit – il ne ferme jamais les deux yeux, au volant.

— Charmante nous attend au débarcadère, m'annonce-t-il bientôt en rouvrant l'œil. Elle a une nouvelle mission. Pour toi.

Pour moi ?

À l'horizon, les Laurentides avalent le soleil. Papa amorce notre descente vers le banal entrepôt qui abrite le siège secret de la BRAVE. Une section du toit glisse et j'aperçois Charmante, dont la délicate mission est de nous confier les nôtres.

Plus ondoyante que jamais, la Pieuvre, c'est son nom de code, embrasse papa. Je recule de trois pas pour éviter le même sort.

— Encore un exercice de capture réussi haut la main ! s'exclame-t-elle. Vous m'épatez !

Pendant que des agents placent notre ennemi sur une civière, la Pieuvre nous entraîne dans l'ascenseur jusqu'au sous-sol. Je me sens toujours exceptionnel quand j'accède aux quartiers souterrains de la BRAVE. Disons que je flotte comme sur un petit nuage d'orgueil… dont je tombe soudain. Charmante ose passer sa longue main dans mes cheveux !

— Tu deviens aussi mignon que ton papa, toi, susurre-t-elle en nous faisant entrer dans son bureau.

C'est le papa qu'elle regarde en disant cela. Puis elle ajoute avec un sourire coquin :

— Et ça va nous être bien utile.

— Que je ressemble à papa ?

— Que tu sois mignon.

Et de répéter « mignon » lui permet, semble-t-il, de repasser la main dans mes cheveux tout en dévorant la Foudre des yeux.

— J'ai une mission de séduction pour toi, Minimax. Un vrai travail de grand ! Dis-moi, as-tu une petite amie ?

Je ris. Où aurais-je rencontré cette « amie » ? Pas à la BRAVE, en tout cas !

Juste à ma réaction, Charmante a sa réponse. Nous nous glissons dans ses profonds fauteuils. Elle nous expose les faits, avec sa vieille manie de se caresser les doigts du bout des doigts.

— La BRAVE a repéré Eldro Bibeau, une tête dirigeante de la SAUCE. Il vit présentement sous le nom d'Émile Valois, à Dubois, une petite ville au nord du nord, aux abords du méga barrage Hubert-Reeves. Il s'y est sans doute installé avec des comparses. En tout cas, il a emmené sa fille, Mauve, qui s'appelle maintenant Solie.

Sur cette dernière révélation, la Pieuvre me couve du regard.

— Solie est inscrite à l'école de Dubois qui pourrait bien recevoir un nouvel élève… un jeune agent, aussi secret que mignon, par exemple.

L'agent aussi secret que mignon se lève d'un bond et se dirige vers la porte.

— Je suis devenu trop vieux pour ce métier. Je prends ma retraite !

Le rire de Charmante éclate, pourrais-je écrire ici. Mais il roule, plutôt, comme des galets dans la vague.

— C'est vrai que tu n'es plus un enfant, Minimax. En fait, tu as juste l'âge qu'il nous faut. Tu imagines tout ce que tu pourrais apprendre en devenant l'amoureux de la fille d'un dirigeant de la SAUCE ? Allons ! Comment peux-tu parler de retraite juste au moment où ta carrière va prendre un essor considérable ? Tous les yeux de la BRAVE vont être braqués sur toi, Minimax, et je ne doute pas un instant de ton succès. Après tout, Victor sera là pour te guider. Et la Foudre a plus d'une fois prouvé sa grande compétence pour ce genre de mission.

La Pieuvre quitte son fauteuil et ondoie vers papa qui sourit stupidement.

Je tousse pour lui rappeler ma présence. Le charme est rompu. Charmante se raidit.

— Minimax n'a jamais fréquenté l'école… À quel niveau peut-il prétendre ?

— Avec ses implants, il pourrait faire son doctorat dans presque n'importe quel domaine, lui rappelle la Foudre.

Charmante se tape le front.

— Bien sûr ! Dans ce cas, jeune homme, tu devras travailler à te faire passer pour un élève normal.

3

J'ai peur. Pas une de ces bonnes frousses qu'on connaît dans l'action, avec leur enivrante poussée d'adrénaline, mais une sensation inconnue et sournoise qui me scie le ventre.

La peur de l'école, sans doute. Ou des filles !

L'aérotrain traverse la nuit étoilée et m'emporte vers Dubois. Il y aura là Eldro Bibeau, alias Émile Valois, et d'autres membres de la SAUCE. Il s'en trouve peut-être déjà quelques-uns, ici même, parmi les passagers. De vieux ennemis qui m'importent peu, j'y suis si habitué… Tandis que mes futurs amis…

Un ami, je ne sais même pas ce que c'est. Quelle horrible mission !

Je ferme les yeux, l'air de dormir, et je parcours les dossiers dont on m'a bourré le crâne.

Voilà une photo de Mauve Bibeau, petite. Puis des films de Solie Valois captés plus récemment par les caméras de l'école. Au moins, elle est jolie. Une chatte égyptienne qui marcherait sur ses pattes arrière, des cheveux à la Cléopâtre dansant sur son long cou…

Son père, lui, a l'air d'un ours.

Les photos des membres de la SAUCE sont des items rares, archirares. Nos ennemis se les interdisent, mais Clara Mamadou, la mère de Solie, a triché. À sa capture, la BRAVE a trouvé sur elle les photos de son mari et de sa fille prises pendant leur sommeil. Ce qui a d'ailleurs permis à nos satellites ultrasensibles de les repérer, à Dubois, quelques années plus tard.

Je ne sais pas quel esprit tordu a alors accouché de cette idée de mission d'infiltration. Et comment il a fait pour convaincre tout le monde…

En tout cas, l'opération est maintenant lancée, peu importe mon opinion.

Je me console en pensant que, pour la première fois, j'aurai le premier rôle, tandis que papa jouera sagement les concierges à la Folta, une grosse usine installée à Dubois à cause du barrage.

Le maigre dossier « Solie » épluché, je consulte celui concernant l'école, cette abominable prison pour jeunes. J'exagère, mais à peine. Pourquoi obliger des gens à apprendre « à l'ancienne », alors qu'une petite intervention doterait instantanément leur cerveau de toutes les connaissances utiles ?

Bien sûr, mes circuits intégrés ont la réponse : l'école développe, disent-ils, la capacité d'élaborer des mécanismes d'apprentissage autonome. De plus, elle encourage les jeunes à sociabiliser, à se muer en citoyen impliqué de l'Ensemble. Elle leur permet surtout d'être évalués, repérés…

Enfin, toutes ces choses si bonnes pour les autres et auxquelles je goûterai demain, parmi le triste troupeau, en tant que Samuel Taillefer, fils du nouveau concierge de l'usine.

Papa débute dans le métier, pour de vrai, mais aussi selon les nouvelles données trafiquées de l'Ensemble. Avant, nous étions tous deux acrobates pour le Grand Cirque d'État, à Montréal. Comme maman, mais elle a été l'une de ces rares personnes qui meurent encore d'un cancer, tandis qu'une méchante blessure mettait fin à la carrière très moyenne de papa… et, tant qu'à faire, à la mienne, guère plus reluisante.

Profil de Samuel Taillefer : « Téméraire, enjoué, un brin révolté. Il a démontré à l'école du cirque les qualités d'un chef sans rival. Signe distinctif : un cœur tendre qui se cache sous sa rude écorce. »

Voilà le cocktail explosif qui, selon la BRAVE, fera craquer Solie Valois. Pas étonnant que j'aie le ventre scié !

Le train amorce une trajectoire descendante. Par la fenêtre, j'aperçois des lumières au loin. Quelques autofilantes partagent maintenant notre ciel. Un énorme convoi de marchandises nous croise dans son ascension.

Ça y est, nous nous immobilisons, avant de nous poser, lentement, à la verticale.

Mon corps tout entier se joint à la contraction de mon ventre. Plus de recul possible : me voilà Samuel Taillefer, garçon normal !

Un taxair nous laisse sur une rue pareille aux autres. Je ne sais pas s'il existe au monde une ville aussi laide que Dubois. En fait, c'est un trou !

Un vrai : ici, tout est en sous-sol ou demi-sous-sol. Une bonne protection contre le froid, me renseigne mon guide intégré.

Nous descendons dans notre appartement meublé, sinistre et minimaliste.

— L'habitat naturel d'un concierge du bout du monde, commente papa. La BRAVE fait toujours les choses dans les règles de l'art.

Nos affaires rangées, je m'étends sur le lit trop étroit de Samuel Taillefer, mon casque de divertissement vissé sur la tête. Quelle réalité virtuelle me fera oublier tout ceci ?

Le décor ensoleillé d'une joute de Skreul sera idéal. J'adore combattre l'armée des sombres méchants, à cheval sur un oiseau multicolore. Et gagner ! Ma stratégie est implacable. Les chevaliers obscurs ont beau fuser de toutes parts, je les attrape les uns après les autres dans mes filets nuageux.

Pour fêter ma victoire, je m'offre ensuite un massage sur fond sonore apaisant, histoire de me calmer avant de dormir…

Papa me secoue.

— Tu as encore passé la nuit avec ce machin sur la tête !

— Et puis ? Il se met automatiquement à « petite musique de nuit ». C'est parfait pour le sommeil.

La Foudre commence à marcher de long en large. Le sermon s'en vient. Trois, deux, un, c'est parti :

— L'Ensemble n'a pas retiré ces casques du marché sans raison, je te l'ai déjà dit. Ils n'auraient jamais dû permettre ensuite de nouvelles recherches dans ce domaine ! La nuisance de la « réalité virtuelle » avait été amplement démontrée au temps d'avant. Tout le monde sait que la révolution écologique aurait triomphé beaucoup plus tôt, sans l'aliénation des masses par cette calamité. Et toi, tu plonges là-dedans tête première ! Veux-tu te retrouver lunatique, obèse et sans tonus, comme les populations du grand déclin ?

— Au fait, quelle heure est-il dans ta foutue « réalité réelle » ?

— L'heure d'avaler un morceau avant d'aller à l'école.

— Fait noir !

— Tu oublies qu'on est sous terre, ici. Attends, j'allume. De toute façon, le soleil doit se lever bien tard sous ces latitudes.

La BRAVE nous a choisi un appartement assez près de l'école, pour que je puisse y aller à pied. Comme Solie Valois. On nous imagine déjà cheminer ensemble, main dans la main.

Pour l'instant, je fais ce déprimant trajet avec papa. Il n'y a pas de quoi sourire, ni pour l'un ni pour l'autre. Quoique, entre son sort et le mien, je préfère le mien. Passer la vadrouille, tu parles d'une mission !

— Terrible… murmure-t-il.

Il parle de l'architecture. Les toits plats des demi-sous-sols sont à peine plus hauts que nos têtes. Et ils sont rares. Presque tout est souterrain dans cette ville sinistre. En fait, les bouches d'entrée des vrais sous-sols constituent l'élément dominant du paysage duboisien. Avec ces petites constructions triangulaires, disséminées le long des rues vides, on croirait qu'un enfant géant s'est amusé à accoter des cartes à jouer, deux par deux, de-ci de-là, sur une immense nappe blanche.

Pour agrémenter le tout, quelques mâts lumineux indiquent les trappes pour les garages souterrains et quelques enseignes semblent s'adresser à nos pieds. D'étranges tuyaux sortent parfois de terre, tels des périscopes à l'envers : en y plaçant les yeux, nous découvrons l'équivalent d'une vitrine de magasin normal. Par bonheur, ces éléments de décor sont généralement très colorés, rouges, jaunes, verts… Ce que l'on distingue mieux à mesure que la clarté s'installe.

Mais fait-il jamais vraiment clair, ici ? Une fine neige s'agite dans les vents cinglants : le vent « naturel » et les vents contraires produits par de gros souffleurs. Selon mon guide intégré, ces derniers évitent les amoncellements de neige, sauf qu'ils nous brouillent la vue. Ils nous cachent même le trafic aérien, ce qui ajoute à l'effet désertique de Dubois. Quant aux piétons, ils sont quasi inexistants.

Heureusement, le froid ne présente pas de problème, grâce à nos combinaisons spéciales. Du tissu souple et léger, parfaitement thermos. Des bottes aussi confortables que des chaussons. Une espèce de bulle transparente pour la tête, dans un étrange matériel qu'on peut aplatir sur sa figure et qui reprend aussitôt sa forme, laissant passer l'oxygène et la voix tout en gardant sa chaleur. De la pure technologie de pointe de l'Ensemble !

Mon cœur gèle quand même en bloc à la vue de l'école : un immense terrain vague parsemé de trappes numérotées. Au milieu, s'étire une tranchée où plongent des aérobus bondés, quelques autos et des motofilantes. Il n'y a pas de stationnements aériens à Dubois. Les vents sont trop violents.

À partir de la trappe d'entrée 12, de longs couloirs nous conduisent aux locaux administratifs. Rien n'est fait à la légère, ici. J'ai droit à une prise de photo, de sang, d'empreintes digitales et oculaires. Je reçois un énorme cartable. Papa signe des papiers, puis m'abandonne à mon triste destin.

Me voilà lancé dans ma première vraie mission à moi, lancé seul le long du corridor 19 vers la colonne des connaissances. Seul parmi la foule.

Je n'ai jamais vu ça : tout le monde a environ mon âge. Les visages se tournent sur mon passage, me scrutent, me jugent et la peur me vrille. Sans ma volonté de fer, précieux héritage de la Renarde et de la Foudre, j'aurais déjà fui à toutes jambes.

Au lieu de quoi j'avance, les genoux tremblants, parmi les lions et les chacals, en me répétant : « Je suis Samuel Taillefer, un chef sans rival. »

Pour le cœur tendre, on verra plus tard.

4

Il manquait deux informations importantes dans les dossiers de la BRAVE. Un : Solie Valois a DÉJÀ un petit ami, Paul Nadeau. Pas petit du tout, d'ailleurs, et plutôt beau. Deux : si j'étais le chef sans rival de ma supposée ancienne école, il y a DÉJÀ un chef incontesté à cette école-ci, et c'est ce même Paul Nadeau.

Le « premier » rival de Samuel Taillefer a-t-il lui aussi le cœur tendre ? Ça reste à voir.

— Bah ! Tout le monde a peur de lui. Si c'est ça, un chef…

Voilà l'avis de Luc Weston, un esseulé qui n'avait plus envie d'être seul. Dès qu'il a aperçu « le nouveau », il a saisi sa chance d'avoir enfin un ami. Je le trouve partout sur mon chemin, et même sur celui du retour qu'il fait à pied, comme moi… et Solie.

Me faire voir avec ce « pluvieux », comme ils disent ici, allait-il nuire à mes chances ? J'ai hésité, pour finalement prendre le risque. Luc parle beaucoup. Et ses renseignements me sont plus utiles que ceux de la BRAVE.

Je n'en fais pas un secret. Pour ceux que ça intéresse – pour l'instant ça n'intéresse que Luc – je mets les choses au clair : au premier regard, j'ai été terrassé par un coup de foudre pour Solie Valois. Rien de plus facile à faire avaler. Il n'y a qu'à voir cette fille, avec ses grands yeux noirs, tristes à mourir, ses mains comme des oiseaux, sa démarche glissante…

Mon unique ami hausse les épaules devant une maladie aussi banale que la mienne. Il me met en garde, surtout, contre le très dangereux Paul Nadeau. Peu importe, je suis prêt à affronter tous les dangers, car ma passion est « désossante », comme ils disent aussi.

Malheureusement, je n'ai réussi à mettre au point que mon baratin. Un mois entier s'écoule sans que ma mission commence vraiment. Pire ! Chaque nouveau jour me fait davantage douter de mes chances de réussite.

Je n'allais pas avouer une chose pareille à papa. La BRAVE croit que je me suis déjà fait remarquer, que je progresse lentement mais sûrement, alors qu'à ma connaissance Solie n'a jamais posé les yeux sur moi, ne serait-ce qu'une seconde et ce, malgré tous mes efforts pour croiser son champ de vision.

Je n'avais jamais menti à papa. On ne faisait qu'un. Tandis que maintenant... Comment pourrait-il comprendre ce que je vis ici ?

Aborder les autres demande plus de bravoure que de les affronter, dirait-on.

L'école, dans le fond, c'est un truc plutôt solitaire. Tout le monde a ses foutus cahiers de questions à remplir individuellement. La quantité de réponses à donner nous garde branchés presque tout le temps à la colonne des connaissances qui compte plusieurs étages de passerelles. Allez donc repérer quelqu'un parmi les élèves agglutinés sur toute la hauteur de cette tour, un casque de recherche enfoncé sur la tête !

Il reste la cafétéria. On peut s'y rendre en tout temps pour manger, discuter, jouer au struli ou au ping-pong. On peut aussi aller au gymnase pour une partie de basket ou de kram. Il y a même des chambres de drob.

On agit à sa guise, à l'intérieur d'un échéancier strict, conscient des caméras postées dans tous les coins.

J'essaie le plus possible de faire coïncider mes déplacements avec ceux de Solie. En un mois, je ne l'ai jamais vue seule. Ils sont sept à se tenir soudés, cinq gars et deux filles. Soudés au-dessus des autres, je dirais, parce que si l'un d'eux s'avise de vous regarder dans les yeux, il vous vient aussitôt l'impression de tomber un étage au-dessous.

Un mois, c'est déjà trop. La BRAVE va finir par m'oublier ici. Il faut absolument que je passe à l'action. Si Minimax n'y arrive pas, Maximax va venir à sa rescousse. MAINTENANT.

Planté à quelques mètres de la colonne des connaissances, je vois justement la bande descendre l'escalier en colimaçon. Je prends une grande inspiration et là, je me donne l'ordre que papa nous aurait donné : opération lancée !

Mes proies me passent sous le nez sans un regard. Tel un guépard, je les file jusqu'à la cafétéria, où elles s'installent pour jouer aux cartes.

Cette fois, je ne tourne pas les talons. Je ne m'assois pas à une table voisine pour les épier. Non. Je vais les voir, moi, debout, pendant qu'elles sont assises. Comme ça, je me sens à la hauteur. Placé derrière Paul Nadeau, j'observe sa stratégie. Bien sûr, il suffit de quelques secondes pour qu'il se retourne vers moi.

— Désincruste !

— Ça m'intéresse, ce jeu. Vous voulez m'apprendre ?

Je suis un vrai comique. La tablée s'écroule de rire. Paul Nadeau en remet :

— Tu aimerais des leçons particulières de Solie, je suppose. Si tu penses qu'on ne t'a pas vu la suivre partout. As-tu besoin d'un chien, Soso ?

J'avais raison : les regarder de haut me donne de l'assurance. Je prends le ton séducteur de papa pour lâcher :

— Bien sûr que je m'intéresse à Solie. Comment imaginer le contraire ? N'empêche que c'est votre bande qui m'attire.

Nouvel éclat de rire, puis un des gars me lance :

— On t'attire plus que Luc Weston ?

— Luc ne m'attire pas. C'est moi qui l'attire. Nuance.

Solie porte ailleurs ses yeux tristes, tandis que l'autre fille ne demande visiblement pas mieux que de m'annexer à son groupe. Je lui rends son regard de velours, ce qui l'incite à me tendre une perche :

— Sais-tu te battre au drob, au moins ?

Ma foi, elle lit dans mes désirs les plus fous. Je lance ma réponse comme on abat une main gagnante :

— Personne ne peut me battre au drob.

Troisième éclat de rire. Mais l'appât est trop tentant. Paul Nadeau y mord aussitôt. Il se lève, plante son nez au-dessus du mien, souffle sur la longue mèche noire qui lui barre un œil et lâche :

— Tu l'auras voulu !

Pas besoin d'en dire plus. Le reste de la bande nous suit vers les chambres de drob.

Nadeau et moi enfilons notre casque avec compteur de points, nos combinaisons à coussinets porteurs et nos souliers d'élan. Nous entrons dans la chambre rebondissante. À l'extérieur, les autres plongent leurs yeux dans les trous d'observation.

Je n'ai pas la moindre appréhension. Pendant que mon adversaire traînait à l'école, moi je m'entraînais à la BRAVE à tous les arts martiaux imaginables et au drob en particulier. Pirouettes aériennes, bonds sur les murs ou le plafond n'ont pas de secret pour moi. Avec des coussinets porteurs bien calibrés, je maîtrise à la perfection la force et la direction de mes sauts.

Le signal de départ retentit. Face à face, nous enlevons un poids dans nos chaussures puis bondissons de toutes nos forces. Moi, j'arrive au plafond comme une fusée et tac ! Je fonds en piqué sur mon adversaire, le rejetant au sol, où je le maintiens jusqu'à ce que le compteur de son casque affiche un petit 1.

Et hop ! Avec un nouvel élan, je pirouette en l'air, prêt à intercepter le prochain bond de Nadeau. Mais l'animal n'est pas si prévisible. Il a foncé sur le mur d'où il se propulse sur moi à l'horizontale.

Pouf ! Il me plaque sur le mur opposé. 1 à 1.

Hé ! Hé ! La manœuvre l'a davantage sonné que moi. J'en profite pour adopter ma meilleure tactique, celle du « attrape-moi si tu peux ». Me voilà qui bondis partout comme une balle de ping-pong. Le pauvre Nadeau ne sait plus où donner de la tête. Il s'épuise à tenter de me suivre. Et vlan ! Et vlan ! Et vlan ! Je m'abats sur lui là où il s'y attend le moins.

Avec tout ça, je me réchauffe et je m'améliore. Je réussis même à plaquer mon adversaire au plafond. Son casque affiche 7, et le mien toujours 1. Encore 6 plaquages et j'ai un quasi-blanchissage !

J'aimerais bien voir la tête qu'ils font, dehors, les yeux écarquillés dans les trous d'observation. Solie a-t-elle encore le regard triste ?

Zut ! Je me suis déconcentré. Nadeau bondit avec toute sa rage et ricoche sur moi avec une telle violence que je ne fais pas que toucher le sol, je m'y écrase. Ce renversement peut facilement lui donner le dessus. À moins que je ne le surprenne encore...

C'est un cas pour la vrille infernale de la Foudre ! Sans quitter le sol, je me mets à tournoyer comme une toupie, tantôt sur les mains, tantôt sur les pieds, de plus en plus vite. Juste le temps d'étonner Nadeau... Puis, d'un bon coup de talon sur le mur, je recommence mes bonds de singe en tous sens. Ah ! Je l'ai bien eu ! 8 à 2 !

Au jeu de la balle de ping-pong hystérique, je suis invincible, si je demeure concentré. Seul un coup de chance ou... Scratch !

Le salaud, il a triché !

Je n'ai pas vu comment, mais il a arraché le coussinet porteur de mon bras gauche. Éberlué, je me laisse terrasser au sol. Là, je fais mine d'être sonné pour évaluer la situation. Le dénoncer ? Tricher à mon tour ? Ce ne serait sûrement pas la meilleure façon de joindre la bande. Après tout, Nadeau a simplement égalisé nos forces.

Que le vrai combat commence !

Mon adversaire ne s'attend pas à ce que je reprenne la lutte comme si de rien n'était. Ce sera ma première chance. La colère me donne le surplus d'énergie nécessaire pour sauter. Bien sûr, je n'atteins pas le plafond.

Mais avec ce coussinet en moins, je suis plus lourd et je retombe sur Paul avec assez de force pour le clouer au sol. Devant son incrédulité, je me contente de sourire.

Le ping-pong écarté, j'opte pour la stratégie. Dans une sorte de danse en réaction aux mouvements de l'autre, je manœuvre de façon à me faire plaquer en hauteur, sur les murs, d'où je me lancerai au sol pour rebondir avec plus de facilité. Je masque un peu ma tactique en variant les approches et les gestes.

Ça marche ! Dans l'action, Nadeau a du mal à réfléchir, dirait-on. Avant qu'il saisisse le stratagème, je suis arrivé à me servir de quelques placages pour prendre ma revanche. De cette manière, nous arrivons au score de 12 à 12. C'est moi qui viens de plaquer Nadeau au sol. Cette fois, il a l'avantage et il le sait.

Avec le cri du guerrier, il se donne une poussée qui le lance au plafond. Moi, je me prépare pour le coup de la Surprise ultime. Je bondis, alors il s'abat vers moi, les pieds devant. Je les lui attrape, pirouettant tête en bas et balançant d'un même élan mes jambes par-dessus sa tête. Hop ! En une fraction de seconde, me voilà les genoux repliés sur ses épaules, le crâne appuyé contre ses genoux, les bras rejetés en arrière, noués autour de ses cuisses. Mon poids accru par la perte d'un coussinet l'entraîne au sol, où il atterrit durement sur les pieds ! 13 à 12 !

J'ai gagné !

Je dégage mes genoux et je rejoins la porte sur les mains.

De l'autre côté, pas d'accueil triomphal, mais les regards sont différents : plus appuyés, vaguement interrogateurs. Même Solie m'observe pour la première fois, créant une sorte de débâcle dans mes veines : ma mission commence enfin !

Paul Nadeau sort à son tour, penaud. Je retire ma combinaison, échappant une seule petite remarque :

— Le matériel laisse à désirer... J'ai perdu un coussinet en plein milieu du match. Mais j'aime bien mettre la barre un peu plus haut. Ça me stimule !

Ses copains entourent mon adversaire comme si je n'existais plus. Je le retrouve dans les douches, où je n'ai droit qu'à un seul coup d'œil, assassin. Quand je sors, ils ont tous disparu.

— Il va te le faire payer cher, commente Luc quand je lui raconte mon exploit.

— M'en fous. Solie m'a enfin vu. Rien ne pourra plus m'arrêter !

5

Bon, j'avoue que Solie n'est pas constamment entourée de sa bande. Après l'école, elle marche seule à la maison. Pour la BRAVE, l'affaire était dans le sac : j'allais vite en profiter pour l'aborder.

Chaque jour, je m'en crois capable, d'ailleurs. Après une semaine, j'ai même interdit à Luc de m'accompagner, pensant que je serais plus à l'aise sans lui… Mais il finit toujours par me rejoindre en rigolant. Je le soupçonne de me filer en douce. Il a cette manie de piquer entre les bouches d'entrée et les demi-sous-sols, pour surgir devant moi en lançant :

— Qu'est-ce que t'attends ?

Je lève les bras au ciel et nous poursuivons notre chemin ensemble.

Mes chefs me croient courageux. N'ai-je pas affronté des centaines de tirs pétrifiants, des dizaines d'ascensions périlleuses et autant de poursuites effrénées ? Comment auraient-ils pu deviner ma difficulté à approcher une fille seule ?

Surtout que, sur leurs clichés, rien n'indiquait le précipice qui sépare Solie des autres : invisible, sans fond, il est capable de vous paralyser de vertige à deux mètres à la ronde. Moi je l'ai bien senti. Suivre cette fille, même de loin, c'est frôler un gouffre mortel !

C'était. Aujourd'hui, le premier regard de Solie a jeté un pont au travers du vide et je vais m'y lancer. Vite, avant qu'il se désagrège !

À dix-sept heures, une musique céleste retentit dans toute l'école. Juste un arpège indiquant qu'il nous reste dix minutes pour quitter les lieux. Tout le monde enfile sa combinaison. La deuxième fille de la bande de Solie et un des garçons vont prendre l'aérobus. Paul Nadeau et l'autre type ont leur propre motofilante. Moi, je me précipite à la porte 12 et j'attends l'ennemie dont je dois me faire ami.

Quand elle arrive, je fixe ses yeux à travers nos bulles thermiques. J'y vois une sorte d'éclair de panique, juste avant qu'elle les détourne. Elle sait maintenant que le fossé a été franchi. Je lui demande comment elle a trouvé notre partie de drob. Pendant qu'elle hésite à me répondre, je lui emboîte le pas. Une sorte de murmure me parvient enfin :

— Tu te défends bien.

— Et toi, tu joues ?

Cette fois, elle a un léger sourire.

— Il m'arrive de battre Paul.

— Nous pourrions faire une partie ensemble.

— J'aurais moins de chance que Paul. Je ne triche jamais, moi.

Pour la deuxième fois aujourd'hui, elle me regarde franchement, au moins une pleine seconde, avant que des klaxons attirent son attention là-haut. Deux motofilantes font du sur-place dans la poudrerie.

— Ça te dérange que Nadeau et Morris nous voient ensemble ?

Elle leur envoie joyeusement la main. C'est peut-être une réponse. Il faut que je continue à parler…

— Elles sont drôles, ces motos. On n'a pas exactement les mêmes, dans le sud. Les skis, dessous, sont beaucoup moins gros. Et puis, on n'a qu'un pare-brise en avant, plutôt que ces espèces de demi-cabines fermées sur trois côtés. Ça me rappelle les hélicoptères du temps d'avant, en miniature. Tu as déjà vu des photos d'hélicoptères ?

— Oui, mais ils avaient une cabine fermée et un truc qui tournait sur le dessus.

— Des pales.

— Tu en sais, des choses…

La voilà qui me scrute de nouveau, cherchant le petit quelque chose qui dépasserait de ma façade.

— Je m'intéresse à l'histoire du tournant du millénaire, c'est tout.

— Le temps d'avant le « grand assainissement civique »... Pourquoi ?

Quelle magnifique question pour un agent double. Je vais tout de suite me positionner du côté de la SAUCE, mais en modéré pour ne pas éveiller de suspicion. Je connais bien leur discours.

— Même si on nous enseigne le contraire, il me semble que c'était une belle époque. Celle des libertés individuelles, en tout cas. Bien sûr, les gens ne pensaient qu'à eux-mêmes, jamais aux autres, le monde était désuni et les richesses mal réparties, sauf qu'il y avait AUSSI du bon dans ces années-là. Tu ne trouves pas ?

— Je n'en sais pas grand-chose.

Hypocrite ! Un jour, je te sortirai bien les vers du nez. En attendant, les deux zozos se maintiennent au-dessus de nos têtes, contrant le vent à grands jets d'air comprimé.

— Pourquoi tu rentres chez toi à pied, au lieu de monter avec Nadeau ? Il y a une place derrière sa moto, même si elle n'est pas couverte.

Solie réprime un petit rire.

— Paul cherchait trop à m'impressionner avec ses acrobaties. Je lui ai demandé d'arrêter, avant qu'on se fasse intercepter et qu'on perde des points… Il a continué. Alors je reste au sol. C'est comme ça avec moi : un seul avertissement !

— Et là, qu'est-ce qu'ils font là-haut ? Ils t'escortent ?

Ma question tombe encore à plat. Comme nous arrivons à un coin de rue, Solie tourne à droite, disant qu'elle a une course à faire. Les deux motos piquent aussitôt sur moi.

Tiens donc !

Minimax en a vu d'autres. Un ski de monsieur Paul frôle ma tête ? J'en profite pour m'y accrocher et tenter de désarçonner le pilote. Surprise ! Il sait manœuvrer et redresse d'un coup sa monture. Me voilà entraîné dans les airs !

Je me hisse sur le ski et parviens à m'agripper à la coque pare-brise, tandis que Nadeau tente de me repousser à coups de pied. Sans doute pour m'épouvanter, il fait grimper sa moto à toute vitesse, frôlant celle de Morris.

Beau moment pour les épater ! Je saute sur l'autre moto, environ deux mètres plus bas. Ouf, bon calcul comme toujours ! J'atterris à califourchon dans le dos du conducteur, ce qui nous aurait fait nous renverser, si je n'avais profité de son ahurissement pour prendre les commandes par-dessus ses épaules. Je mets toute la gomme pour rétablir la trajectoire et aller me poser à côté de Solie. Notre ballet aérien lui a fait oublier sa course, semble-t-il.

Dès que je saute à terre, mon chauffeur décolle sans réclamer son dû. Paul, lui, est déjà loin. Ils ont peur de casser leurs beaux jouets ! Ma future amie semble trop abasourdie pour parler, alors je m'en charge :

— Tes petits copains ne veulent pas qu'on se quitte si vite, toi et moi. Mais je suis désolé, mon père m'attend.

Avant qu'elle ouvre la bouche – non, elle était déjà ouverte bien grande – avant qu'elle la referme, plutôt, je tourne les talons et je m'éloigne rapidement, tout content.

Papa l'est beaucoup moins quand je lui raconte ma journée.

— À quoi penses-tu ? Ils vont se douter de quelque chose.

— Facile de critiquer ! Je n'avais pas le choix. Pour entrer dans leur bande, je devais me montrer encore plus qu'extraordinaire. Et cette chance m'a enfin été offerte, aujourd'hui.

— Gagner au drob, c'est une chose... Mais faire des cascades sur des motos en vol !

— Tu oublies mon statut officiel d'acrobate. La BRAVE a visé juste, non ? Allez, papa, fais-moi confiance, c'est MA mission ! Maintenant, ils vont me respecter. Ça va accélérer les choses, crois-moi.

— Toi, crois-en ma vieille expérience : garde ta petite tête froide si tu ne veux pas la perdre !

C'est fou ce que le dépit peut faire. Je recommence à vivre un peu d'aventure, et lui se prépare à partir à son minable boulot comme tous les soirs. Dur à prendre ! Je n'aurais jamais cru en arriver là si vite, mais la Foudre me fait un peu pitié. Le voilà qui me donne des conseils de retraité ! Je lui tapote l'épaule.

— Je m'ennuie de notre équipe, pas toi ? On ne se voit plus depuis qu'on est ici.

Il reste les bras ballants, sans réponse, sans tonus... Un agent secret sans adrénaline, c'est comme un sac vide.

Puis, soudain, son œil devient brillant et il me glisse, comme une révélation :

— Au fait, je remarque des choses, des attitudes très étranges à la Folta. Je suspecte l'entreprise d'être noyautée par plusieurs membres de la SAUCE.

Il veut faire son important, lui aussi. Pour le consoler, je lui recommande d'être prudent lors de sa grande mission de propreté industrielle. Pauvre Foudre, sa nuit est si prévisible !

La mienne aussi. Sauf que, pour demain, je peux m'attendre à tout.

6

La nervosité m'aura bientôt grignoté en entier. Après tout un avant-midi, je n'ai pas croisé un seul membre de la bande. En plus, on est samedi : l'école finit à quinze heures ! Si ça continue, je vais rentrer bredouille. Moi qui avais tellement hâte de jouer aujourd'hui celui qui s'est bien amusé hier… Hâte de voir l'attitude qu'allaient adopter mes futurs amis.

J'ai cessé les va-et-vient d'un local à l'autre. Posté sur la plus haute passerelle de la colonne des connaissances, je fais le guet. Tiens, Luc ! D'en bas, il scrute tous les paliers, puis grimpe vers moi, trois marches à la fois.

— Quel progrès ! s'exclame-t-il, haletant. Tu abordes enfin l'imprenable Solie, avec en prime un spectacle d'acrobatie aérienne !

— Tu m'as vu ?

— Je te garde à l'œil, tu le sais bien !

Nous rions.

— L'école du cirque, faut que ça serve. Une performance comme celle-là va m'imposer dans la bande, j'en suis sûr.

Luc s'assombrit.

— Nos chemins se séparent donc ici, ex-frère dans le rejet.

— T'en fais pas, je vais encore te reconnaître.

— Dans ce cas, je te file un tuyau : si tu cherches tes affreux copains, je viens de les voir à la cafétéria.

Je l'embrasserais ! Une bonne claque dans le dos, c'est tout comme... Je dévale l'escalier, puis je cours quelques mètres avant de ralentir jusqu'à avoir l'air d'arriver « par hasard ». Mes futurs amis paraissent totalement absorbés par leur jeu de struli. Comme s'ils ne m'avaient pas tous vu du coin de l'œil ! J'échappe une sorte de bâillement :

— Qu'est-ce qu'on fait aujourd'hui ?

— Ton initiation, répond Paul en fixant son jeu.

— Je serai membre en règle de la bande, après ?

Je m'efforce de cacher une joie trop enfantine. Après tout, c'est du sérieux. Paul précise :

— Si tu réussis... Rendez-vous à la porte 12, à quinze heures.

Sur ce, il abat ses cartes. Les autres font mine d'être fascinés par son action d'éclat. Je m'éloigne sans qu'aucun d'eux n'ait vérifié si j'avais toujours le nez au milieu de la figure.

Enfin, l'arpège de la délivrance résonne. J'arrive à la porte en même temps que Solie. Princesse Tristesse me balance un « Salut ! » tout froid, sans s'arrêter de marcher. Je lui emboîte le pas jusqu'à la rue.

— Par ici, les soufflerie sont moins puissantes, dit-elle en scrutant le ciel.

Paul et Morris apparaissent bientôt et se posent à nos côtés. Les deux autres membres de la bande ont dû prendre leur aérobus...

Toujours en selle, Nadeau commence :

— On ne peut pas rester au sol longtemps dans ce secteur. As-tu un laissez-passer pour le transport en commun ?

Comme je fais non de la tête, il en sort un de sa combinaison et me le tend.

— Tu prendras l'aérobus public. Tu vois la colonne jaune, là-bas ? Tu descendras à l'arrêt suivant la Folta, au sentier de l'ancienne forêt.

Je me concentre sur les mots « forêt » et « Dubois », en y ajoutant un petit effort de volonté, et mon guide intégré me file les informations voulues. Il s'agit de la fameuse forêt-musée, vestige du grand réchauffement. J'indique par un air entendu que je

« connais », tandis que j'assimile instantanément ces nouvelles données : des arbres qui n'auraient jamais dû se retrouver sous des latitudes nordiques ont poussé ici à grande vitesse, entre 2040 et 2130 environ. Le climat enfin rétabli, on a dû couper à blanc ces forêts sans avenir, tout en préservant quelques kilomètres d'arbres condamnés, à Dubois. L'Ensemble gardait ainsi pour la postérité un bel exemple des aberrations engendrées par la libre entreprise.

Paul m'explique qu'ils aiment le bois, dans la bande. Je dois donc leur prouver que je m'y débrouille bien. Avec un sourire de vieux complice, il cherche ensuite à me rassurer. L'épreuve est surtout symbolique. Je n'aurai qu'à suivre le sentier balisé qui traverse la forêt. Vers le centre, je trouverai quelques jeunes bouleaux, bien vivants, qui sont parvenus à pousser à l'abri des troncs morts.

— Tu dois nous rapporter un morceau d'écorce, ce soir, à huit heures, au sportodôme.

La main de Paul s'agite en l'air pendant qu'il décolle, suivi de Morris. Solie s'éloigne déjà, laissant flotter un tiède « Bonne chance ! »

De toute façon, je n'ai pas besoin de chance pour cette simple formalité. Ma vraie initiation, je l'ai réussie hier !

Je cours à l'embarcadère. On ne m'a pas souvent donné l'occasion de prendre les transports en commun ; quand l'aérobus s'immobilise au-dessus de la colonne jaune, je suis le seul à sourire parmi ceux qui l'attendent. Le ventre de l'appareil s'ouvre. Plutôt que le rayon bleu, c'est l'orange qui se déploie jusqu'à nous. Personne ne descend donc ici. Un à un, les gens pénètrent dans le faisceau où ils s'élèvent lentement.

Être ainsi aspiré m'émerveille encore. J'éclate même de rire quand la petite plateforme vient me cueillir pour me déposer en face du lecteur de passe.

Il n'y a plus de place assise. Peu importe, le trajet n'est pas long. Tout le monde ou presque descend à la Folta. À l'arrêt suivant, j'emprunte seul le rayon bleu, largué comme une fourmi sur une vaste étendue blanche.

L'endroit est dégagé par de puissantes souffleries, délimité par des bâtiments de la Folta et par une longue muraille de neige d'où émergent des troncs cassés.

Au centre de celle-ci, un panneau attire l'attention sur le point de départ du sentier, sorte de couloir creusé au travers des dunes blanches. La forêt ne se visite qu'entre 10 heures et 15 heures, y lit-on, toute infraction étant passible d'amende. Mes chers copains ont peut-être vu un grand défi à transgresser cet interdit. Il ne semble pas y avoir de système de surveillance et, si jamais je me faisais pincer, que m'arriverait-il de si grave ? On ne perd quand même pas des points pour une offense si négligeable ! Puis moi, je m'en fous, je suis un agent de la BRAVE.

Le ciel s'assombrit vite, pas de temps à perdre. Je m'élance sur le sentier dégagé par un ingénieux système de petites soufferies.

Ah ! La technologie de pointe de notre tout-puissant Ensemble !

J'en ai presque honte : mon initiation est un jeu d'enfant. Mais pas d'un enfant trop peureux. Ces fantômes d'arbres qui grincent dans le vent et menacent de perdre leurs moignons n'ont rien de rassurant. J'imagine les gars amener les filles ici pour les terroriser et jouer ensuite les protecteurs. Oui, j'imagine bien Nadeau faire ça !

Ont-ils vraiment cru m'impressionner ?

Au fait, qu'est-ce que je sais de mes futurs amis ? Peut-être se sentent-ils comme ces arbres, égarés au nord du nord... Comme moi, lancé si loin de ma vraie vie que j'en suis à me demander quel but je vise présentement. Suis-je en train de courir pour réussir ma mission ? Ou pour me sentir pareil aux autres et faire enfin partie d'une bande ?

Quel minable agent je fais. C'est la faute de la BRAVE. Elle n'avait qu'à ne pas m'envoyer à l'école. Il a suffi de quelques semaines pour me polluer l'esprit.

Ils sont où, ces bouleaux ? Ça fait longtemps, me semble… Et s'il n'y avait pas de bouleaux ?

On s'est peut-être payé ma tête.

À moins que cette initiation soit en fait une épreuve de vitesse : je dois trouver mon bout d'écorce et ressortir de la forêt avant que la nuit tombe. Ce n'est pas si simple. Il me reste à peine quelques minutes de clarté. Bien sûr, je pourrais toujours distinguer le sentier dans la pénombre en repérant les longs mâts des capteurs solaires qui le bordent. Ceux-ci servent sans doute… Aaaah !

Le cri m'échappe. Je me tape le front avec fureur. C'est trop bête. Juste comme j'y pense, les souffleries s'arrêtent. Plus assez de lumière ! Les capteurs ont beau être ultrasensibles…

L'effet est immédiat : le vent, le vrai, pousse la neige folle dans le sentier. Je suppose qu'on le dégage chaque matin avant dix heures... Quoi qu'il en soit, je redouble de vitesse, le souffle court. Je dois trouver ces foutus bouleaux avant la nuit ET avant que le sentier devienne impraticable.

Je ne redouble pas de vitesse bien longtemps. J'inverse plutôt la cadence. La neige me monte jusqu'aux genoux !

Ce n'était pas une épreuve de vitesse, mais d'intelligence. J'aurais dû penser à tout ça avant, j'aurais dû m'équiper en conséquence au lieu de courir prendre l'aérobus, j'aurais dû… Des larmes brouillent ma vue. Oui, ils m'ont bien eu !

La rage me fait continuer, même si je sais que c'est inutile. J'ai perdu. Déjà, le sentier et les capteurs disparaissent dans l'obscurité neigeuse.

7

Bien sûr, Minimax en a vu d'autres. Combien de nuits a-t-il passé sous un escalier ou dans une poubelle, pour ne pas rater la sortie d'un ennemi ?

Mais c'est bien la première qu'il passe en scaphandrier, à tenter de surnager dans la neige, au beau milieu d'un cimetière d'arbres. La dernière aussi, je le jure !

On ne meurt pas de honte. J'en serai la preuve demain. À moins que je ne meure d'ennui avant.

Il n'est que dix-huit heures. J'ai abandonné l'espoir de gagner la sortie du bois. Quant aux bouleaux, on n'en parle même pas ! La neige, fine, folle, arrive de partout. En position debout, on s'enfonce jusqu'à la taille.

Je remercie l'Ensemble pour ma combinaison à toute épreuve, mais je me passerais de son foutu rétablissement climatique. Ce soir, je voudrais retrouver la belle forêt d'il y a cent ans !

Il me vient même des doutes. Ce vent et cette neige infatigables sont-ils vraiment si

« normaux » ? L'Ensemble a-t-il rétabli le temps ou l'a-t-il bousillé d'une autre façon ?

Comme je suis tombé bas ! Ressaisis-toi, Minimax ! Si la faim te fait déjà cet effet, où en seras-tu après la nuit ? Vas-tu te mettre à penser comme l'ennemi ? Sois digne de tes parents !

Papa, je lui ferai un appel télépathique à la fin de son quart de travail, à deux heures, pour ne pas qu'il s'inquiète en arrivant à l'appartement. Pas pressé de l'entendre triompher : « Je t'avais dit de garder ta petite tête froide ! » En fait, j'ai bien envie de me l'arracher moi-même, cette petite tête.

De toute façon, papa ne se risquera même pas à venir me chercher. Pris en forêt la nuit, un adulte paraîtrait plus louche qu'un jeune imbécile roulé par une bande d'ados. Expliquer qu'il a répondu à mon appel au secours ? Normalement, personne n'est en mesure de communiquer à distance. La Foudre et Minimax feront comme les gens ordinaires qu'ils prétendent être. Pourvu que je puisse m'éclipser avant l'arrivée de la déblayeuse !

D'ici là, garder la tête hors de la neige occupe tout mon temps. Couché sur le dos, je fais le ciseau avec mes bras et mes jambes, les yeux perdus dans l'obscurité la plus… non, pas totale. Il y a comme un rayon qui danse entre les troncs.

Mais oui, ça se précise. L'arbre, là-bas, se détache dans la nuit, bel et bien éclairé, puis l'autre, puis le mât d'un capteur solaire. Je rampe jusqu'au tronc le plus proche, je m'y agrippe d'un bras… Ami ou ennemi ? Houp ! je reçois le faisceau en plein dans les yeux !

Il ne me lâche plus, aveuglant, et j'entends :

— C'est bien ce que je pensais.

Solie ! Elle ne m'a pas souvent adressé la parole, mais je reconnaîtrais entre mille sa voix un peu râpeuse, son ton coupant… Elle est tout près, maintenant. Je lui demande comment elle a fait pour venir ici.

En réponse, elle coince sa lampe entre ses genoux, éclairant ses pieds munis de raquettes, tandis qu'elle en détache une deuxième paire de son dos.

— Rien ne vaut ces machins préhistoriques. Tu n'as qu'à placer tes pieds au milieu, ça adhère instantanément.

Ils ont au moins eu la gentillesse de venir me chercher. Je bredouille, penaud :

— J'ai… J'ai raté mon initiation ?

— Non, personne ne sait que je suis ici. On va aller prélever ces fameux bouts d'écorce. Tu y étais presque.

— Pourquoi tu…

— Paul se croit le chef, mais c'est moi qui décide. Ça, ça reste entre nous. Je ferais un bon agent double, non ?

Son rire se perd dans la nuit. Moi, je retiens mon souffle : est-ce qu'elle sait ? Impossible…

— Tu as décidé que je devais réussir cette initiation, chef ?

— Tu as tout compris. La bande n'allait pas se priver d'un membre aussi talentueux que toi.

— Pourquoi pas ?

— Tu verras en temps et lieu… si je le décide.

Nous avançons en silence, elle comme un lièvre, moi comme un canard. Je n'avais jamais chaussé de trucs pareils !

Notre faisceau lumineux déniche bientôt un tronc blanc. Je n'ai pas fini d'en retirer mon gage que Solie rebrousse déjà chemin, emportant la lumière qui saute d'un capteur solaire à l'autre.

Je la rattrape en glissant le bout d'écorce dans ma poche. Un canard à la course ! Dois-je lui dire merci ? Et si les autres nous attendaient à la sortie, le rire au bord des lèvres ?

Après un long silence, Solie commence une sorte d'explication :

— Il n'y a pas grand monde qui s'intéresse au passé. Toi, tu sais des choses sur le temps d'avant le « grand assainissement civique ». Tu m'as donné le goût d'en apprendre davantage. Je me suis informée sur la colonne des connaissances. C'est passionnant.

Tu m'en diras tant ! Je fais semblant d'être étonné.

— Vraiment ?

— J'aimerais bien me retrouver vers 2000, disons. Tu savais qu'on a baptisé cette époque-là « les années futiles » ? Paraît que les gens n'y vivaient que pour acheter des objets et se distraire. C'est trop bizarre…

— Même à l'époque, on disait « la société de consommation ».

— Ces personnes devaient être très égoïstes, mais je ne peux pas m'empêcher de les envier. Qui a le droit d'être futile aujourd'hui ? Moi, ça me plairait, de temps en temps.

Je ne jouerai pas au membre de la SAUCE avant d'en être vraiment un. Je réponds prudemment :

— Ce devait être amusant, bien sûr. À condition de vivre dans le bon pays. Tu t'es informée sur ce qu'on appelait le « tiers-monde » ?

— Ouais… Mais s'il n'y a plus de tiers-monde, comme tu dis, ce n'est quand même pas grâce à l'Ensemble.

— Non, c'est grâce à cette fameuse société de consommation qui a créé le grand réchauffement et a engendré des cataclysmes qui ont décimé des continents entiers. Plus de pauvres ! Moi, ça m'enlève un peu l'envie d'être futile.

Je me suis laissé emporter. Le silence de Solie en dit long. Elle doit regretter d'avoir volé à mon secours. Il faut que je me rattrape :

— N'empêche… Je te l'ai déjà dit, il y avait vraiment du bon dans ce temps-là… Facile d'en rêver. Tout est tellement sérieux maintenant. Moi, j'ai travaillé au cirque d'État avant de venir à Dubois. Et même là, c'était pluvieux à mort. Malheureusement, on ne peut pas revenir en arrière.

— Pas si sûre…

Hum, ça sent la SAUCE à plein nez ! Tu brûles, Minimax.

— Qu'est-ce que tu veux dire ?

— Oh ! rien…

Solie retourne à ses pensées pendant que je m'essouffle derrière elle. Plus un mot, jusqu'à ce que sa lampe éclaire le panneau de l'entrée. Bonne nouvelle, les autres ne nous attendent pas. Meilleure nouvelle encore, mon sauveur me donne des instructions pour les berner !

Paul a dû s'assurer que je prenais bien l'aérobus, après quoi, il a certainement filé à la maison. Rien ne m'empêche donc de prétendre qu'en arrivant ici j'ai jugé qu'il valait mieux retourner chez moi pour m'équiper.

— Ça, il ne pourra pas le vérifier. Je te laisse les raquettes. Elles étaient à ma mère.

— Ta mère…

— Elle est morte.

Soit elle me ment soit son père lui a menti.

— Va attendre l'aérobus à la Folta, reprend-elle, sinon quelqu'un pourrait se demander ce que tu fichais ici. T'as qu'à piquer tout droit vers les lumières, là-bas.

— Et toi ?

— Je me débrouille autrement. Faut pas qu'on nous voie ensemble. Paul va faire une de ces têtes, tout à l'heure. J'ai hâte !

Son rire accompagne mes premiers pas de canard solitaire.

Jolie musique pour danser.

8

La BRAVE ne m'a pas conseillé de fréquenter le sportodôme, personne ne m'y a invité et, surtout, je n'avais aucune envie d'y aller. Côtoyer les autres m'est difficile. On ne m'a pas élevé en meute, moi. Je voulais bien « jouer » Samuel Taillefer à l'école, mais pas question de faire du zèle le soir !

Cette fois, cependant, impossible de reculer.

Après un court repos à l'appartement, le Samuel Taillefer du soir se rend à pied au sportodôme. Ce n'est pas très loin.

Bien sûr, j'ai déjà vu cette chose de l'extérieur. Je dirais même qu'il n'y a que ça à voir à Dubois. Car, si les installations du complexe sont souterraines, son dôme de verre émerge du sol et luit dans la poudrerie. C'est spectaculaire. Une lune géante qui se lève sur un désert de neige !

Toutes les villes ont leur sportodôme. Mais aucun de ceux que j'ai vus ne donnait un tel effet.

À Dubois, quatre entrées se dressent à plusieurs mètres du dôme, comme de petites pyramides aux coins d'un carré invisible. À mon approche, la porte s'ouvre automatiquement… J'entre, pour découvrir un peu plus loin une sorte de barrière lumineuse d'environ un mètre cinquante de haut. Derrière, un long corridor descend sous terre, en pente douce, à perte de vue.

Les trois personnes qui me suivaient traversent le faisceau en brandissant une carte.

Solie va-t-elle voler à mon secours avec la carte de sa mère ?

Elle espère sans doute me voir relever seul ce défi. L'endroit n'est tout de même pas une base stratégique. On doit pouvoir sauter par-dessus le rayon sans risquer la mort.

Faire un bond d'un mètre cinquante sans appui ?

Je cherche des yeux quelque chose qui pourrait m'aider. Il n'y a ici que des gens qui entrent et sortent, par petits groupes.

Des gens, c'est mieux que rien. L'air d'attendre un ami, je guette la moindre occasion.

Et la situation idéale finit par se présenter : un type costaud qui s'accroupit pour ramasser sa carte échappée, son compagnon, assez grand, qui continue d'avancer vers le rayon. Juste la bonne distance et une fraction de seconde pour tout analyser, prendre mon élan, bondir sur le dos du gros et y sauter comme sur un tremplin vers l'autre, en criant : « Penche-toi ! » Saisi, il obéit. Mes mains se plaquent sur ses épaules et me propulsent par-dessus sa tête.

J'atterris de l'autre côté du rayon, sautillant de joie sous les protestations de mes aides forcés. Je lance :

— Merci les gars, j'ai oublié mon laissez-passer !

Heureusement, il n'y a personne d'autre autour. Je dévale le corridor comme un fou. Une caméra de surveillance a sûrement capté la chose, mais tout le complexe doit en être farci. Les préposés ne peuvent regarder partout à la fois, je présume. Je vais croire en ma chance !

Ma course s'arrête dans une très vaste salle entourée de portes. Des tas de gens vont de l'une à l'autre. Pas de comité d'accueil ni agent de sécurité ni membre de la bande !

Il est dix-neuf heures quarante. Retrouver Paul Nadeau dans cette fourmilière fait-il partie de mon initiation ?

À force d'hésiter, je suis bientôt rejoint par mes deux tremplins vivants. Mieux vaut sourire et prendre les devants :

— Pas trop de mal, j'espère !

Ils passent leur chemin sans sourire, mais j'entends le plus gros marmonner :

— Aider à désobéir nous fait toujours plaisir.

Étrange…

En les suivant, je me retrouve au vestiaire.

Ouf, pas de carte à montrer ! Il suffit de tendre sa combinaison à un préposé qui vous donne un jeton en retour.

Ne me reste plus qu'à me promener d'une salle à l'autre. Partout se déroulent des joutes. Des jeux que je ne connais même pas et dont je ne cherche pas à découvrir les règles, trop occupé que je suis à scruter les visages.

Enfin, je tombe sur la deuxième fille de la bande. Les yeux ronds, elle pousse un petit : « T'as réussi ? » étonné et plutôt ravi.

— Bah ! oui… Le plus difficile a été de vous retrouver.

— C'est fait, on dirait ! Suis-moi, je vais rejoindre les autres pour le match d'Aquaballe.

— Ah…

— Moi, c'est Anne. Toi, tu t'appelles Samuel, on s'est informés. Et lui, c'est Claudio.

Lui, c'est le troisième gars de la bande qui nous rejoint justement.

Je sors fièrement l'écorce de ma poche. Claudio siffle entre ses dents, admiratif, puis arbore un franc sourire. Si je calcule bien, la majorité des membres de cette bande se réjouit de ma venue.

— Claudio va participer au match d'Aquaballe. Il est dans l'équipe adverse de Paul et de Jacques, m'informe Anne. Toi, tu joues à quoi ?

— C'est ma première fois dans un sportodôme.

J'aurais avoué être agent secret que leur surprise n'aurait pas été plus grande.

— Mais alors, qu'est-ce que tu fais le soir ? s'écrie Claudio.

— Je mets mon casque de divertissement.

— Tu as ça ?

Si mon père m'avait entendu ! Oui, je vais me l'arracher, ma petite tête pas assez froide. Comment expliquer maintenant pourquoi j'ai ce truc, alors que l'Ensemble a retiré de la circulation tous les appareils de loisir individuel ?

— Si vous vous êtes informés sur moi, vous savez sans doute que je viens du cirque ?

Ils font oui de la tête.

— Les élèves du cirque ont droit à un casque de divertissement, mais c'est un secret d'État.

Je les fixe jusqu'à ce que leur mimique m'assure de leur discrétion. J'ai trouvé un bon filon.

— Vous comprenez, nous ne sommes pas branchés toute la journée à une colonne des connaissances, là-bas. Nous dépensons notre énergie en équipe, comme dans les sportodômes. Alors, recommencer le soir... Voilà pourquoi l'Ensemble a fait une exception pour nous. Ces casques sont équipés des mêmes bases d'information que celles des colonnes de connaissances. Au cirque, on fait votre journée à l'envers ! Mais on a quand même accès à quelques jeux virtuels.

— Chanceux… murmure Claudio. Tu me le prêteras ?

— Bien sûr.

Voilà, nous sommes les meilleurs amis du monde ! Il me prend par l'épaule et m'explique :

— Tu vas voir, on ne s'ennuie pas au sportodôme de Dubois. C'est le plus carbonisant de l'Ensemble !

Tiens, la BRAVE ne m'avait pas informé de cet autre attrait de l'endroit…

— On teste ici les nouveaux jeux, continue Claudio. Ça ne fait pas vraiment l'affaire des parents, les trucs qu'on essaie sont parfois dangereux. Alors, ils ont protesté, les pluvieux, à cause des blessés et de quelques morts. Pour les calmer, il y a plein de jeux qui sont retirés maintenant, après seulement quelques semaines d'essai. Les plus amusants, en fait. On teste l'Aquaballe depuis deux mois maintenant.

— Et c'est amusant ?

— Désossant ! J'y pense, tu pourrais prendre ma place et essayer ça !

Marché conclu !

Claudio m'entraîne à l'entrée des installations aquatiques, où nous tombons sur Paul et Solie. Quelle actrice ! La voilà qui saisit le bras de Nadeau comme à la vue d'un revenant, faussement contente à la perfection.

— As-tu l'écorce ? s'exclame-t-elle.

L'autre a les mâchoires si serrées qu'il me semble entendre ses dents craquer. Je tends les bouts d'écorce sur ma paume ouverte. Paul n'y touche même pas.

— Garde-les en souvenir, dit-il sèchement.

Claudio lui annonce que je le remplace pour le match.

Nadeau a un petit sourire méchant.

— On se retrouve sous l'eau, alors !

Pas le temps de répliquer, il tourne le dos et passe la porte « Aquaballe, vestiaire des rouges. » J'ai été provoqué en duel, je crois bien.

Dans le vestiaire des jaunes, Claudio me présente à mes coéquipiers qui, tout le tour de la salle, enfilent de légères combinaisons très extensibles, sorte de deuxième peau… jaune. Transformé comme eux en canari, je glisse de fins tuyaux dans mes narines. Une seule inspiration et ils en épousent les parois ! Claudio branche l'autre extrémité derrière ma tête, de chaque côté d'un cube fixé à la courroie de mes lunettes de plongée. Un « régénérateur d'oxygène », m'explique-t-il.

Les dix jaunes grimpent l'escalier vers la piscine, débouchant sous une portion du dôme, comme dans une immense bulle de savon. Les gradins sont vides. Où sont Anne et Solie ? Les rouges entrent au même rythme que nous et s'alignent sur le bord opposé du bassin.

Au signal de l'arbitre, nous entonnons l'hymne de l'Ensemble :

Oh ! mère la Terre,
Tu n'es pas là pour nous,
Mais nous pour toi.
Solidaires, non solitaires,
Ensemble formons un tout,
Dans l'ordre et dans la loi !

Curieusement, j'entends deux de mes voisins déformer les paroles :

Oh ! merde par terre,
Tu n'es là que pour nous,
Mais tout passera.
Solitaires, mais solidaires,
Ensemble foutons partout,
Désordre et désarroi !

Je suis encore saisi par leur impertinence quand l'arbitre lance à l'eau une lourde balle brillante, l'enjeu du match. On la voit descendre dans la piscine, très profonde, éclairée par d'immenses rectangles lumineux sur chaque paroi. Ça y est, le coup de sifflet retentit et tout le monde plonge.

Bien que je doive chercher la balle et la ramener à la surface en déjouant les autres, mon attention est d'abord attirée par les rectangles lumineux : des vitrines derrière lesquelles sont assis les spectateurs !

Houp ! Un rouge traverse mon champ de vision avec la balle. Je fonds sur lui, m'accroche à sa taille, tente de le tirer vers le fond. Deux autres jaunes lui prennent les pieds et tirent aussi. Même à trois, il n'est pas facile de lutter contre la loi naturelle qui nous pousse vers le haut. Un autre rouge s'amène. Il va se faire passer la balle ! Je manœuvre pour m'en emparer à sa place. Réussi ! De toutes mes forces, je me propulse vers la surface. Les deux rouges réussissent à se pendre à mes pieds, juste comme mes yeux parviennent hors de l'eau.

Le panier suspendu au milieu de la piscine est loin, la balle est vraiment lourde… Je n'arriverai pas à la lancer jusque-là.

Oh ! Un jaune émerge entre le panier et moi. Ça, c'est à ma portée ! Je lui lance la balle juste avant qu'un autre rouge me fonce dans le ventre et m'entraîne vers le fond. Je ne vois pas le but, mais j'entends la sirène. Des jaunes font une curieuse danse de poisson dans tous les coins de la piscine. Derrière les vitrines, des gens se lèvent d'un bond en agitant les bras.

Oui, c'est carbonisant !

Le calme revenu, les équipes s'alignent de chaque côté de la piscine. Le fond du panier s'ouvre, la balle tombe, le coup de sifflet retentit et c'est reparti ! Nous plongeons tous vers elle. À une certaine profondeur, ça demande énormément de force. Je laisse aller les plus rapides, guettant plutôt une remontée.

Là, à gauche, ça se chamaille à grands remous. Des rouges s'en prennent à un jaune. Je pique sur eux, m'accroche aux rouges quand, soudain, j'entends la sirène. Quoi ? Un but ? Je lâche les rouges qui lâchent le jaune… Les mains vides, il sourit dans l'eau. Je regarde autour : encore une fois, ce sont les jaunes qui dansent.

Une feinte réussie !

Au troisième coup de sifflet, je décide de gagner le fond et de trouver la balle. J'évalue mieux l'effort à donner. Propulsé à grands coups de jambes, je creuse mon passage dans l'eau, le regard aiguisé.

Je vois la balle ! Mes efforts redoublent. J'y arrive ! Je l'ai !

Je m'élance vers le haut, quand deux pieds heurtent mes épaules, freinant ma remontée, me poussant même en sens inverse. Soudain, je vois Paul Nadeau qui fond sur moi tel un requin. Je culbute pour échapper aux pieds de l'autre. Peine perdue, il m'enserre entre ses jambes, par derrière. Plutôt que de m'arracher la balle, Nadeau tend la main entre ma tête et le ventre de son coéquipier. Il…

Il a arraché les tuyaux de mon régénérateur d'air ! Je ne peux plus respirer. Vite ! Je dois remonter avant d'étouffer. Tant pis pour le but. Je lâche la balle, je fais de grands signes, mais les deux rouges s'acharnent, sans voir la balle qui coule bêtement vers le fond. Davantage de rouges s'agrippent à moi et des jaunes à eux. Des rouges et des jaunes qui se tirent sur les bras et les jambes. Un combat débile au cœur duquel je me noie !

Je refuse tout net. La carrière de Minimax ne peut pas finir dans cette stupide piscine. Ma première mission d'infiltration commence à peine. C'est pas vrai ! Non… non… n…

9

La voûte blanche du dôme m'apparaît, tout là-haut. Couché sur le dos, j'ai un masque sur la bouche.

— Voilà ! Il a repris connaissance, déclare l'homme qui prend mon pouls. Les autres sont plantés derrière, dégoulinants.

L'arbitre tente de leur tirer les vers du nez. On hausse les épaules. Un accident…

L'homme insiste.

Un jaune raconte comment je suis soudain devenu lourd et mou. Un autre a remarqué ma tête qui se balançait au gré des courants. Ce n'était pas normal. Ils ont dû se battre pour m'arracher à ceux qui s'acharnaient sur moi.

Le regard de Nadeau fixé sur moi, dur, ne me laisse aucun doute. Il a tout fait pour que je ne remonte pas à temps.

Ce type était prêt à me tuer. Alors qu'il ignore ma véritable identité. Pourquoi ? A-t-il peur de perdre le cœur de la reine Solie ? De perdre sa place de roi ? En tout cas, c'est un fou dangereux.

L'homme qui m'examine déclare la partie terminée. Après un tel incident, il va recommander la suppression de l'Aquaballe.

Ça gronde dans les équipes.

— C'est le seul accident en deux mois !

— Il n'est même pas mort !

— On n'attendra pas que ça arrive, coupe l'homme.

Il m'aide à me relever et à faire quelques pas. Puis, une fois à l'écart, il me demande ma version.

— J'avais la balle. Ça se bagarrait autour de moi. Et soudain, clac, j'ai perdu mon régénérateur ! Personne ne s'en est aperçu… Vous avez raison, c'est trop dangereux.

— Heureusement, tu t'en es bien tiré. Tu peux aller te rhabiller avec les autres.

Dans le vestiaire des jaunes, je trouve un Claudio bouleversé de m'avoir cédé sa place. Je me force à rire.

— Grâce à toi, j'ai vécu l'expérience la plus intense de ma vie.

Encore une fois, j'épargne Nadeau pour ne pas nuire à ma mission. La BRAVE ne saura jamais tout ce qu'elle me doit !

Les autres nous attendent dans la grande salle. Il y a dans les yeux de Solie un mélange de confiance et d'admiration : je n'ai pas dénoncé un membre de la bande, je suis de la bonne trempe, elle ne s'est pas trompée sur mon compte.

Si elle savait !

Sans qu'on m'ait invité, j'accompagne le groupe silencieux jusqu'au vestiaire commun. J'enfile comme les autres ma combinaison. De retour dans la grande salle, je demande joyeusement :

— Qu'est-ce qu'on fait maintenant ?

— Moi, je rentre, grogne Nadeau. Ça me désosse qu'on retire l'Aquaballe…

— C'est la faute à qui ? lui jette Anne.

Un regard qui tue pour toute réponse. Elle se concentre maintenant sur ses pieds.

Mon ennemi a du pouvoir. Faut dire qu'il ne recule devant rien.

— Ouais, on va rentrer, décrète Solie en prenant le bras de son roi.

Je ne me démonte pas pour autant :

— Puis demain dimanche, qu'est-ce qu'on fait ?

Nadeau me dit de faire tout ce qui me carbonise, il s'en fout. On se reverra lundi à l'école. Solie le laisse parler tout en me souriant. Comme nous approchons du long corridor, je leur demande si on a besoin d'une carte pour sortir. Hé ! oui ! Il en faut une pour traverser le rayon, dans un sens comme dans l'autre. Claudio s'étonne que j'aie réussi à entrer…

— Oh ! je me suis débrouillé. Quelqu'un pourrait me prêter sa carte ?

Anne écarquille les yeux devant tant d'ignorance. Le lecteur, m'explique-t-elle, détecte tout détenteur qui veut entrer ou sortir avec la même carte qu'un autre, ensemble ou séparément.

— Dans ce cas, je vais encore sauter par-dessus le rayon. Quelqu'un veut me servir de levier ?

Toute la bande s'arrête net de marcher, traversée par un courant de panique. Pourtant, Nadeau relève les épaules, souffle sur sa mèche et lance :

— Ça ne me fait pas peur.

Solie se plante entre nous, fâchée.

— Êtes-vous fous ? Avec les caméras ? Vous allez vous faire prendre et ça, tu ne peux pas te le permettre, Paul.

— Il te reste seulement six points, insiste Anne.

Ils me font rire. On croirait à une mission périlleuse !

— Quelle histoire ! Je suis bien rentré comme ça, moi. Malgré les fameuses caméras.

Solie me fusille du regard. Elle sait que Nadeau devra paraître aussi brave que moi.

— Personne ne me dit quoi faire ! claironne-t-il justement.

D'un pas déterminé, le petit coq s'engage dans le corridor, me faisant signe de le suivre et recommandant à sa basse-cour de traîner un peu plus loin derrière. Si les caméras nous captent, ils ne passeront pas pour des complices.

Je donne mes propres instructions à Nadeau pour que tout se déroule le plus vite possible. À deux pas du rayon, il plie les genoux et met ses mains en coupe. J'y place un pied et hop ! Nadeau me donne un bon élan. Il est fort. Après une culbute arrière impeccable, j'atterris de l'autre côté du rayon, d'aplomb sur mes deux pieds.

Au même moment, un bruit métallique se fait entendre.

— La sortie s'est verrouillée. Ils nous ont vus, constate platement Nadeau.

Les autres s'arrêtent dans le corridor, consternés, bientôt dépassés par deux agents de sécurité qui s'amènent en courant. On nous empoigne chacun par un bras et on nous tire jusqu'au poste de contrôle.

Encore une fois, je fais de mon mieux pour disculper Nadeau. Je jure que tout est de ma faute. Que j'étais entré sans son aide et que je lui ai demandé un coup de main pour ressortir. Il savait que je comptais m'enregistrer en bonne et due forme, dès lundi matin, à l'école. Ce n'était donc pas un bien grand délit.

Les gardes m'écoutent, puis lâchent le verdict :

— Vos dossiers seront transmis à vos parents. Taillefer, vous avez deux points de démérite, Nadeau un. Première offense, Taillefer : vous êtes donc à huit sur dix. Nadeau, vous avez intérêt à rester tranquille : vous savez que vous n'êtes plus qu'à cinq sur dix.

Un garde nous raccompagne à la sortie. Avec sa carte, il efface tout bonnement le rayon de façon à me laisser passer. Dehors, Nadeau grogne :

— De plus en plus heureux de t'avoir dans la bande !

Il me plante là pour rejoindre sa motofilante au garage. Moi, je rentre à pied, tout en consultant les dossiers disponibles sous mon crâne.

Je cherche à « points de démérite ». Et je trouve ce que je savais déjà. Tout citoyen naît avec un potentiel de dix points qu'il peut perdre d'un seul coup pour une grave offense ou par tranches pour de plus petits délits.

Il n'est pas mentionné à quel degré de petitesse un délit compte comme tel. À deux points perdus pour avoir sauté la barrière d'un sportodôme, on comprend que les citoyens de l'Ensemble soient si disciplinés. Surtout qu'à moins dix points, le fautif est envoyé en rééducation !

Aussitôt arrivé chez moi, je sombre dans mon lit. Pas la force de faire un appel télépathique à papa pour lui raconter cette folle journée… On se verra demain.

10

Les dimanches sont interminables dans ce trou. Papa dort encore. Après avoir avalé le déjeuner prescrit par les diététistes de l'Ensemble, je me laisse baigner dans la lumière artificielle, le regard perdu sur le mur beige. Aussi bien fuir tout cet ennui sous mon casque de divertissement, ce que je m'apprête à faire quand ça cogne à la porte.

Première fois depuis notre arrivée. Intrigué, je vais ouvrir… Solie !

— Tu… tu sais où j'habite ?

— J'ai mes espions.

Elle est bonne, celle-là !

— Ma visite reste entre nous.

C'est prononcé doucement, tandis que le regard en fait un ordre. Elle enlève sa bulle thermique, entre. Pour me donner une contenance, je lui offre un petit essai sous mon casque de divertissement.

— Je n'ai pas de temps à perdre. Tu n'as pas de projet avec ton père aujourd'hui ?

Sait-elle quelque chose ? A-t-elle de si

bons espions ? Je fais non de la tête, tâchant de masquer toute émotion.

— De quelle planète tombes-tu ? demande-t-elle. Dimanche est la journée familiale pour tout le monde, sauf pour toi ? Perdre des points est grave pour tout le monde, sauf pour toi ? Tu es trop bizarre, Samuel Taillefer. Faut qu'on se parle !

Me voilà déjà louche pour Solie. La BRAVE n'a pas si bien préparé mon rôle. En revanche, l'idée du cirque était excellente. Une mine inépuisable pour improviser ! J'y vais de mon petit numéro.

— Tu ne peux pas si bien dire, Solie : j'arrive d'une autre planète. Au cirque, personne ne perd jamais de points. On est tellement surveillés. Ici, j'ai l'impression d'être enfin sorti de prison.

Je m'approche d'elle sur le mode « Foudre en mission de séduction ».

— Puis je suis prêt à perdre tous les points du monde pour t'impressionner.

Elle me tourne le dos, se met à marcher.

— Continue et tu vas y aller pour de vrai, en prison. Il faut que tu arrêtes ces bêtises. Je vais avertir Paul aussi. Les cascades à moto, les promenades en forêt aux heures interdites, la tricherie au jeu et le saut de rayon, c'est fini ! Je ne sais pas si Paul l'a fait exprès à l'Aquaballe, mais ça ne se reproduira plus. De ton côté, ne t'avise pas de le manipuler pour qu'il perde ses points restants, tu m'entends ?

Cette fois, elle est à deux doigts de mon nez. Ses yeux en colère m'emplissent la vue et je me sens tout drôle. Je n'aurais qu'à tendre les mains, qu'à tendre les lèvres…

— Paul n'a peur de rien, c'est sa grande qualité, mais ça devient aussi son plus grand défaut.

Sur ces mots, elle reprend de la distance, s'apprête à recoiffer sa bulle. Je cherche à la garder un peu :

— Il me reste tellement de choses à apprendre. Penses-y, je n'avais jamais été dans un sportodôme ! Et puis je n'ai connu personne qui ait perdu tous ses points... Toi, tu en connais ?

— Des tas.

Ses yeux se brouillent.

— Des jeunes de l'école ?

— Plusieurs.

— Et ils reviennent longtemps après ?

— On ne les revoit jamais, ni à l'école ni dans leur famille. Et tu sais quoi ? Il arrive que certains de leurs proches disparaissent ensuite, mystérieusement… Alors je préférerais que Paul ne perde pas ses cinq derniers points, vois-tu ?

— Avoir su…

Solie semble avoir oublié son départ. Sa froideur aussi. Les yeux plantés dans les miens, le sourire moqueur et les joues rouges, elle écarte les bras, comme si elle prenait son élan, puis plonge :

— Bienvenue dans le vrai monde, l'acrobate ! Un monde où on ne pratique pas le saut de rayons. Où on ne pense même pas différemment. Où on n'échappe pas le plus petit déchet sans perdre un point pour avoir sali notre chère « mère la Terre »! Tu crois t'être échappé de prison ? Impossible ! Dans cet Ensemble pourri, c'est partout, la prison !

Si ça continue, elle va me parler de la SAUCE. Il suffit peut-être de l'attiser :

— Tu es dure. L'Ensemble a quand même établi l'ordre et l'égalité pour tous, non ?

— Tu en connais beaucoup, toi, des gens heureux de vivre dans notre beau système ? On marche les fesses serrées à cause de cette armée de pions qui nous surveillent sans se poser de questions. Mais tout le monde en a assez. Un beau matin, je te préviens, ça va craquer !

Elle éclate d'un rire méchant et s'enfonce la bulle sur la tête.

Le pion secret la salue :

— À demain Solie. Et merci pour la leçon !

Avec un clin d'œil, je m'époumone :

Solitaires, mais solidaires,
Ensemble foutons partout,
Désordre et désarroi !

— Tu vois ! Tu connais déjà l'hymne du peuple !

La furie me retourne mon clin d'œil et passe la porte.

Je suis encore sous une sorte de choc, je dirais, quand papa sort de sa chambre en gambadant.

— Bravo, fiston ! Dis donc, ça avance drôlement, ta mission. Quelle hystérique !

Je ne sais trop pourquoi, son rire m'agace profondément.

— Tu savais, toi, pour les points de démérite ?

— Comme toi.

— Tu savais que ceux qui les perdent ne reviennent pas ?

— Écoute, quand quelqu'un n'a plus que cinq points, par exemple, et qu'il commet tout de même une autre effraction, on peut reconnaître que ce type est irrécupérable ou qu'il est tout bonnement un ennemi de l'État, non ? Il faut donc le retirer de la circulation.

Je suis suffoqué.

— Es-tu en train de me dire qu'on le supprime ?

— L'Ensemble est contre la peine de mort, tu le sais bien. On le reconditionne en bon serviteur de l'État, c'est tout.

— En zombie…

Papa prend le temps de me dévisager avant de continuer.

— C'est nouveau, cette sympathie pour les reconditionnés ? Attention Max, n'oublie pas que la fille d'Eldro Bibeau fait partie du camp ennemi. Ceux qui ont tué ta mère et que tu combats depuis l'enfance.

Il ne gambade plus, serre les poings dans son dos. Aussi énervé que Solie, tout à l'heure, il marche de long en large et ronchonne :

— Tu es trop jeune pour une mission d'infiltration ; Charmante m'avait pourtant averti…

— Ah ! Parce qu'elle est de toi, cette idée de fou ?

— Je suis peut-être fou, mais que veux-tu, j'avais une telle confiance en toi !

— Si bien que tu n'as pas réfléchi à tout ce que j'allais découvrir. On croit les citoyens tellement heureux, à la BRAVE ! Mais quand on s'approche, on entend gronder, je te jure.

Papa soupire. Il a un air dépassé que je ne lui avais jamais vu.

— J'entends gronder à la Folta aussi. Et tu sais pourquoi ? Parce que Dubois est infesté de membres de la SAUCE, comme Solie et son père. Ils ont répandu leur venin ici, contaminé tout le monde avec des idées fausses. Tu viens de l'entendre, cette folle ?

Voilà que les boniments de la BRAVE coulent mal dans mes oreilles. Est-ce que Samuel Taillefer a pris trop de place dans la peau de Minimax ? La Foudre tourne en rond dans le salon comme dans sa tête.

— Qui peut encore sentir les bienfaits de l'Ensemble dans ce trou noir et glacé ? La SAUCE n'a plus qu'à débarquer pour embrigader de nouveaux membres. Tu vois, il était temps qu'on arrive, Max.

Quand je lui raconte ma journée d'hier, il explose :

— Comment ! Ce type cherche à te perdre en forêt, puis il veut te noyer et toi, tu t'inquiètes pour son reconditionnement ? Tu te dis qu'il est le seul « méchant » de la bande ! Que Solie est de ton côté, puisqu'elle est venue à ta rescousse ? Et pourquoi, penses-tu ? Pour tes beaux yeux ?

Papa laisse passer un silence gênant.

— Elle ne les avait pas remarqués, tes beaux yeux, avant les acrobaties dangereuses. On ne recrute pas des tricoteuses, dans sa bande ! On recherche plutôt les meilleurs éléments pour une action terroriste. Elle voit clair, la petite Bibeau. Un Minimax vaut bien qu'on froisse un Paul Nadeau. S'ils t'acceptent, c'est pour le bien de LEUR cause. Alors, ne va pas oublier le bien de LA NÔTRE !

— Pas évident de jouer un double jeu, comme ça…

— Ne perds pas de vue ton objectif, c'est tout. Je te préviens : tu ne pourras pas éviter de tomber amoureux de cette fille. On se laisse prendre au jeu, c'est ainsi. Mais voilà justement ce qui va t'aider à mieux la tromper. Un bon agent secret sait utiliser ses sentiments. Il sait les dominer aussi. Tu en es à cette étape cruciale de ton apprentissage et tu vas réussir. Crois-moi : j'ai toujours aussi confiance en toi, Maxime.

— Sauf que mon personnage de citoyen ordinaire se met parfois à penser à ma place, vois-tu... Hier, il a perdu deux points pour trois fois rien et ça l'a révolté. Et puis il me pose de drôles de questions, Samuel Taillefer. Pourquoi les gens comme lui n'ont-ils pas accès aux mêmes choses que les agents de la BRAVE ? Pourquoi ne peuvent-ils pas communiquer entre eux à distance ? Pourquoi n'ont-ils pas droit aux casques de divertissement ? Comment peut-on prétendre que l'Ensemble a instauré l'égalité pour tous ?

— Un monde parfait, ça n'existe pas. L'Ensemble n'est pas parfait, Max, mais il a créé le premier gouvernement mondial de l'Histoire. Grâce à lui, il n'y a plus de guerres, plus de religions, plus de famines. Tout le monde parle la même langue et la nature est enfin respectée. Seulement, il y a un prix à tout. Pour maintenir cet ordre, l'Ensemble doit protéger l'homme de l'homme. Tu comprends ? Nous faisons pour le mieux. Quand tu en doutes, pense aux horreurs du temps d'avant !

Qu'est-ce qui m'arrive ? Je dois me ressaisir, partager de nouveau la certitude de papa. Pour lui, ça semble si simple. Alors que pour moi, tout est devenu tellement plus compliqué qu'avant…

— Tu as raison. Je vais m'appliquer à garder le cap. Tu sais, je m'ennuie vraiment de nos missions de capture. C'était moins compliqué que l'infiltration…

— Et plus excitant ! Je m'en taperais bien une, par ce triste dimanche.

— Faudrait que tu sois meilleur que la dernière fois. Tu te souviens, à la boutique d'antiquités ?

La Foudre se jette sur moi en grognant. Il tente de me neutraliser. Mais je ne suis plus un bébé. Je lui glisse entre les bras et les jambes. Je ris à gorge déployée. À la fin, je suis assis à califourchon sur son dos et je lui fais la prise de la pince tordue. Je crie :

— Je t'ai battu ! C'est moi qui ai gagné !

11

Quelle avancée pour Minimax ! Il joue maintenant au struli à la cantine et retrouve tous les soirs SA bande au sportodôme.

On y teste le cyclo-polo qui me carbonise pas mal. Cette fois, je joue dans l'équipe de Paul et de Morris. Nous ne sommes pas devenus les meilleurs amis du monde, mais ils me respectent, preuve que le vrai chef, c'est Solie.

Pourquoi m'a-t-elle aidé ? Je ne le sais toujours pas. La belle chatte égyptienne parle peu. C'est à peine si elle ronronne quand elle se blottit contre Paul Nadeau...

Parfois, nous quittons l'école ensemble. Si je n'alimente pas la conversation, le silence s'installe. J'essaie de remplir ma mission de séduction, je le jure, mais c'est difficile. Chaque petit coup d'œil gagné est un trophée.

Faut dire que Solie n'est pas n'importe qui. Je l'ai constaté en assistant à son entraînement, au sportodôme. Au temps d'avant, quand il y avait les olympiques et toutes ces compétitions individuelles entre les pays, elle aurait été une championne. Elle le sait et ça l'enrage de ne pas pouvoir briller davantage.

Quelle étrange mission ! Tout comme je fais partie de la BRAVE, je me sens maintenant faire partie « des jeunes ». Ça me plaît. Du moins depuis que j'ai une place dans la bande. Je ne m'ennuie plus. Le matin, j'ai hâte d'arriver à l'école. Hâte d'arracher un regard à Solie, d'attraper un fou rire de Claudio, de clouer le bec à Nadeau sous l'œil complice d'Anne.

Bien sûr, on partage des critiques sur le système, mais rien de plus. Après un pas de géant, ma mission piétine. Si la SAUCE prépare quelque chose ici, c'est peut-être pour dans cinq ans… Et si ma bande est dans le coup, on ne m'y a pas encore mis.

Somme toute, mes résultats ne sont pas brillants.

Luc Weston se moque de mes amours dès qu'on se croise à la colonne des connaissances.

— Je me suis rapproché d'elle, c'est l'essentiel. Le reste viendra…

Si seulement j'en étais sûr. Même papa s'impatiente. Alors, je prétends que Solie s'intéresse un peu plus à moi chaque jour. Que je le sens bien…

— À quoi ?

— Je le sens. Ça se sent, ces choses-là ! Et toi, ça avance à la Folta ? Tu as intégré une cellule terroriste ? Tu as séduit la petite amie d'Eldro Bibeau ?

— Très drôle. Tu veux savoir à quoi je m'occupe ? Je décore les salles pour le jour de l'An.

— Noooooon !

Les psychologues d'État ont convaincu l'Ensemble de garder une grande fête au calendrier. Indispensable pour le moral de la population, disent-ils ! Mais il n'a jamais été question ni pour papa ni pour moi d'adhérer à cette pratique barbare des temps d'avant.

L'air dépité, la Foudre me décrit sa mission spéciale.

— Si tu voyais ça ! On couvre les murs de guirlandes brillantes. Hier, on a reçu des tonneaux et des tonneaux de délirium. Les gars ont tellement hâte de perdre la tête qu'on a dû mettre la boisson débilitante sous haute surveillance.

— La civilisation a encore des progrès à faire…

J'ai des moments de découragement, parfois. Je me demande si les humains méritent vraiment l'Ensemble. Papa me prend par les épaules.

— Aie confiance, on va y arriver.

Si le jour de l'An désole les agents de la BRAVE, je n'en laisse rien paraître dans la bande. Eux, ils comptent les jours ! Faut dire que, pour la première fois, ils pourront participer à la fête de nuit plutôt qu'à celle des enfants, en après-midi.

— Tu n'as jamais fêté ? s'étonne Claudio.

— Bah… pas vraiment, j'étais en représentation, vous comprenez.

— Mais tu as goûté aux nourritures sucrées, tu as entendu la musique ? demande Anne comme s'il s'agissait de choses magiques.

Et c'en est pour elle, bien sûr…

Quatre, trois, deux, un : la fameuse fête arrive enfin ! Complètement carbonisés, nous pénétrons dans les vastes salles de la Folta, parmi une foule d'êtres étranges. Tous ont remplacé le costume standard par des vêtements hérités du temps d'avant ou achetés chez les antiquaires. Ça fait vraiment bizarre ! On dirait que chacun se détache un peu plus des autres.

Solie virevolte dans une curieuse robe rouge, unique entre toutes.

— Ma mère la portait tous les jours de l'An. Je croyais qu'elle ne m'irait jamais !

Anne revient vers nous, les mains pleines de gâteaux. Nadeau a déjà calé deux verres de délirium. J'en ai un à la main que je m'efforce de ne pas boire. Tout bon agent secret garde en tout temps la tête froide. Et je veux rester maître de mes allées et venues : personne ne peut quitter la Folta sous l'effet du délirium, les sorties sont soigneusement gardées.

Une musique explose dans la salle, saccadée, soulevant des cris sauvages. Partout, on saute, on agite les bras, on secoue la tête comme des poules. La Fête a commencé !

Nadeau et Morris restent pourtant soudés au bar. Ils vident verre sur verre, les yeux en feu, pendant que Solie va se perdre parmi les danseurs. La belle occasion ! Je me faufile dans la foule tressautante. À l'approche de Solie, je m'accroupis et… Bing ! Je surgis devant elle. Elle a un grand sourire étonné qui me surprend. Elle bouge bien et je décide de l'imiter, ce qui la fait sourire davantage, rire même.

De temps en temps, nous nous frayons un chemin vers le bar où elle prend une gorgée puis me tend son verre. J'y trempe les lèvres, juste pour sentir la chaleur me traverser, avant de replonger avec elle dans la forêt folle des danseurs.

Là, je me laisse agiter avec les autres par le vent de la musique. Nous voilà vraiment *ensemble*, malgré nos costumes différents. Autour, on se frôle. Certains s'enlacent. Solie ne me quitte plus des yeux. Nos sourires se fondent. Elle saute et ses cheveux dansent, elle est si mignonne que je tends les mains vers sa jolie tête comme vers un fruit. J'y pose un baiser, comme si j'en prenais une bouchée.

Elle ne me repousse pas, ne se sauve pas, sourit toujours plus, pirouette sur elle-même. Je m'apprête à l'attirer tout entière vers moi quand je reçois le coup, phénoménal, en plein ventre. Tombant à la renverse dans la foule qui s'écarte, je le vois, rouge de rage : Nadeau s'est lancé tête première contre moi !

Je bondis sur mes pieds. Son poing fermé va s'abattre sur mon visage. Je me baisse, lui attrape le bras en plein élan…

Et nos gestes se figent dans un flot de lumière d'une blancheur surprenante. Plus moyen de bouger, pas même nos pupilles. La sensation est atroce. Je distingue d'autres personnes prises dans le filet lumineux. Plus loin, on danse encore, indifférent au phénomène.

Le rayon s'évanouit dès que nous sommes empoignés par des gardes. Tiré à travers la foule, je me retourne : on emmène aussi Solie et un couple que je ne connais pas.

Nous voilà poussés dans une pièce remplie d'écrans sur lesquels des gardes scrutent les salles de la Folta. Un homme nous attend, au centre, derrière son bureau. J'ai bien pensé à mon affaire pendant qu'on me traînait ici. Le moment est venu de me montrer plus héroïque que jamais. Avant qu'on me questionne, je commence :

— Il a embrassé mon amie. Ça m'a rendu furieux. Je sais, je n'aurais pas dû.

— J'ai le droit d'embrasser qui je veux ! s'exclame une Solie révoltée.

Elle a compris le stratagème. L'homme s'adresse à Nadeau :

— Quand on vous a repérés, vous aviez le poing en l'air.

— Fallait bien que je me défende, il allait me tuer !

L'homme regarde ensuite le couple de témoins.

— C'est ce qu'on a vu, dit le garçon, alors que la fille approuve de la tête.

Je repense à cette phrase : « Aider à désobéir nous fait toujours plaisir. » Un garde tend une fiche à notre juge qui la parcourt et soupire.

— Taillefer et Nadeau, deuxième offense ensemble en peu de temps. Incident déclenché par Taillefer, les deux fois. Votre arrivée à Dubois ne vous vaut rien de bon, mon garçon. Va falloir vous reprendre en mains. Vous perdez deux autres points. Il ne vous en reste plus que six. Nadeau encore un. Plus que quatre ! La prochaine fois, vous utiliserez une riposte pacifique. Sortez !

Solie me prend par le bras et joue celle qui veut se faire pardonner.

— C'est affreux… Tout ça à cause de moi.

J'en profite pour l'embrasser. Quand Nadeau s'éloigne sans un regard, Solie jette entre ses dents serrées qu'elle l'avait prévenu : un autre point de perdu et c'était fini entre eux.

Elle ajoute plus doucement :

— Grâce à toi, il n'en a perdu qu'un. Merci Samuel. Plus de folies, promis ?

Ce ne sera pas une promesse difficile à tenir. Je ne veux pas perdre d'autres points. Ma mission est ultra-secrète et la BRAVE n'irait pas intervenir en faveur de Samuel Taillefer. À zéro, Minimax se retrouverait à Montréal, avec la honte de sa première grande mission ratée.

Mais des points, j'en ai plutôt marqué pour l'instant, puisque je retourne à la fête avec Solie, bras dessus, bras dessous. Même qu'à la façon dont elle me regarde, je comprends soudain l'ampleur de ma victoire : le nouveau roi, c'est moi !

Dans la forêt des danseurs, je fais tourbillonner ma reine. Je ne me glisse plus dans ses mouvements, mais l'entraîne dans les miens qui explosent de joie. Maxime Bolduc est le meilleur agent secret de tous les temps. Aussi efficace dans l'attaque que dans la ruse !

Maximax est invincible et il va réussir cette mission.

12

— Ça y est ? Elle est folle de toi ? Papa a un drôle de sourire en demandant ça.

— Elle m'embrasse souvent, me prend par la main, m'appelle Samou…

— Et toi, tu l'appelles comment ?

— Ce n'est pas de tes affaires.

— Elle te plaît ?

— Je la trouve belle. Quand j'arrive à l'école, j'ai hâte de la voir. J'ai toujours le goût de la serrer contre moi.

— Ce sont les beaux côtés du métier, non ?

— Si tu veux.

— Ne va quand même pas éterniser ça. J'ai hâte de retourner à Montréal. Les mauvais côtés du métier, j'en ai plein le dos. Embrassez-vous moins et discutez davantage ! Parle-lui de ta « famille », des trucs juteux. Elle va bien finir par te parler de la sienne !

C'est vrai qu'on ne se parle pas beaucoup, Solie et moi. On reste collés, à s'émerveiller de ce qu'on ressent. Tellement que ça éloigne les autres. Nadeau et Morris font bande à part, on comprend pourquoi. Claudio et Anne commencent à nous trouver pluvieux...

Papa a raison. Je ne dois pas perdre de vue ma mission. Un baiser ne livre pas beaucoup d'informations. Enfin, pas les bonnes. Il faudra varier les approches…

Et je m'y mets dès aujourd'hui !

Samuel Taillefer va enfin dévoiler sa nature profonde de grand romantique. En ce moment même, la belle Solie l'entoure de ses bras et l'attire contre le mur de l'école, les lèvres tendues. Lui, ignore sa bouche, se contente de glisser un doigt sur l'ovale de son visage, et murmure :

— Qui es-tu vraiment, mystérieuse Solie ?

Elle rosit, déstabilisée. J'en remets :

— Je voudrais être minuscule, belle Loli, me glisser dans ton oreille et être partout avec toi. Peut-être que je goûterais à tes rêves, la nuit. J'entendrais tes pensées, la moindre de tes intentions…

Sur ces mots doux, je l'embrasse enfin. Je vais la cuisiner à petit feu.

— Circulez, vous deux !

Le surveillant est si près qu'il participe presque à notre baiser et le stoppe aussi net.

Nous « circulons » donc, la police des câlins sur les talons, son index dressé au-dessus de nos têtes.

— Depuis des jours, on vous surprend dans tous les coins. Là, je vous donne mon premier avertissement. Au second, c'est le bureau de discipline et un point de démérite ! Vous êtes ici à l'école. Compris ?

Voilà qui va aider la BRAVE ! Moins occupées, nos bouches se remettront à parler…

Toute penaude, Solie m'entraîne à la cafétéria.

— Désosseur de pion, ronchonne-t-elle. Qu'est-ce que ça peut lui faire qu'on s'aime ? Pourri de système pourri !

— Tu imagines un système où les élèves seraient encouragés à s'embrasser dans les couloirs des écoles ?

— Pourquoi pas ? C'est ce que nous faisons depuis une semaine et personne n'est mort pour autant. Tout est réglementé dans cet Ensemble débile. Même les caresses ! Tu savais qu'au temps d'avant les gens pouvaient connecter sans être mariés ? Avoir des enfants, même ?

— Non. Tu en es certaine ?

— Oui, je l'ai l… Je le sais, c'est tout.

— J'ai du mal à te croire. C'est le début du désordre, ça. Pas étonnant que tout se soit effondré !

— N'oublie pas une chose, Samou : ce qui s'effondre peut toujours être reconstruit.

Ses yeux indiquent qu'il s'agit d'un message profond. Je prends un air perdu pour sortir une phrase à relance :

— Rebâtir le temps d'avant… J'en rêve, des fois. Mais ça prendrait les bons matériaux…

— Les matériaux, dans un cas comme celui-là, ce sont les gens et on les a.

Je passe de l'air perdu à l'air interrogateur. Ça fonctionne : elle commence une sorte d'explication.

— Tout le monde est insatisfait, tu le constates, non ?

— Oui, mais de là…

Malheureusement, nous entrons à la cafétéria et elle s'exclame :

— Tiens, Anne et Claudio ! Nous sommes assez nombreux pour une partie de Struli.

Quatre jours sans s'embrasser, c'est long.

Au sportodôme ? Le règlement est encore plus strict qu'à l'école. Dehors ? Il fait bien trop froid, du moins sans bulle thermique. Je pourrais inviter Solie à la maison, mais je poursuis un tout autre but… qui semble être justement atteint.

— Tu aimerais manger chez moi, ce soir ? Papa est d'accord.

Solie me demande ça en glissant sa main dans la mienne. Je lui réponds par mon plus grand sourire.

Nous passons d'abord avertir mon père, à qui je présente « mon amie », tout en sachant qu'il comprend « notre ennemie ». Derrière elle, ses doigts me font le V de la victoire. Soudain, je saisis que moi, je me sens plus ami qu'ennemi, si bien qu'entre Loli et lui, je ne suis plus si certain de savoir qui je trompe…

En revanche, le père de Solie me prend vraiment pour un ami. Et – j'en ai un peu honte – cet homme me plaît aussitôt. Il émane de cet homme un tel bonheur d'enfin me connaître, qu'il me semble n'avoir jamais rencontré de personne aussi ouverte.

Mais, bon… C'est comme cet endroit. Les tentures colorées qui couvrent les murs, les meubles de bois chaud, les coussins joyeux, les chandelles allumées partout font oublier qu'on se trouve sous la terre glacée de Dubois. Pourtant !

Eldro Bibeau alias Émile Valois est aussi trompeur que son appartement, voilà.

Et cette odeur ! Il y a de la viande qui mijote ici. Solie sautille en battant des mains.

— Tu as fait un pot-au-feu !

Son père ne rate pas ma stupéfaction.

— J'ai des copains bien placés, explique-t-il avec un clin d'œil.

— Mais c'est… c'est…

Il me dévisage, moqueur, hoche la tête pour m'inciter à lui servir la morale de l'Ensemble :

— Il n'y a pas assez de viande pour tout le monde. Dans un souci d'égalité…

— Dans un souci d'égalité, me coupe-t-il, la consommation de viande sera limitée aux dirigeants et à leurs amis.

— Euh… ce n'est pas ce que j'allais dire.

— Je sais. Mais moi, je dis ce qui est. Je ne radote pas de la propagande et, dans un souci d'égalité, je ne me prive pas de viande.

— Vous êtes un dirigeant ?

— Non, mais j'ai des amis qui les servent. C'est ça, la vraie vie, Samuel ! s'exclame-t-il en riant. Depuis toujours. Pas des salades de l'Ensemble, dans tous les sens du terme !

Il a raison. Papa aussi a des amis. De vrais dirigeants, ceux-là. Et nous mangeons souvent de la viande.

À table, Émile – il veut que je l'appelle Émile – ne s'intéresse qu'à moi. Pas à Minimax, bien sûr, mais à Samuel, l'acrobate de cirque.

Heureusement que la BRAVE a pensé à tout. Connecté sur mes implants cervicaux « vie à l'école de cirque », je réponds à ses questions le plus naturellement du monde. Je teinte même mes propos d'une petite touche dissidente. Tout ne va pas pour le mieux dans le cirque d'État. Si je me permets de le dire, c'est que je sens ici un rare climat de confiance. Bien sûr, ça restera entre nous.

Au dessert, nous sommes si intimes que je leur parle de ma mère, évoquant le chagrin que nous avons eu de la perdre, papa et moi. Soudain, les yeux d'Émile s'embuent. Il se lève de table et commence à desservir.

Solie brise le silence en m'invitant dans sa chambre.

On se croirait sous une grande tente, toute bleue, avec les tentures qui font une vague depuis le centre du plafond jusque dans le haut des murs d'où elles retombent au sol.

— C'est beau ici… Beau comme toi, Loli !

— Excuse mon père. Il a l'air heureux, comme ça, il sourit beaucoup, mais au fond, il est brisé depuis la mort de maman.

Là, il me vient une fameuse de bonne idée.

— Je n'aurais pas dû vous attrister… C'est bizarre, j'ai parlé de ma mère parce que vous me faites justement penser à elle. Cette façon que vous avez, ton père et toi, d'être des personnes uniques et fières de l'être. Pas comme toutes ces fourmis de l'Ensemble ! Après la mort de maman, mon père m'a même révélé que… Oh, mais c'est un secret !

— Tu peux me faire confiance.

Nous nous asseyons sur le lit et je baisse le ton, comme pour tout bon secret :

— Mon père m'a dit qu'elle avait une amie membre d'une sorte de société clandestine. Des gens qui veulent renverser le régime de l'Ensemble. Tu te rends compte ? Il n'en savait pas plus, mais ça me fait rêver… Si c'est vrai, la vie ne serait plus décidée d'avance. Tout deviendrait possible.

Moi qui m'attendais à une révélation ! Sur ce trait de génie, Solie me renverse sur le lit et se met à m'embrasser. Zut !

Et puis non, pas zut du tout !

13

Depuis des semaines, je passe presque toutes mes soirées chez « l'ennemi », tandis que mon père passe les siennes à la Folta. Me voilà totalement « infiltré » dans un autre monde. Celui des bras de Solie, mais surtout celui sur lequel Émile a levé le voile, pour de vrai, lorsqu'il a écarté les tentures dissimulant les murs de son appartement. Il m'a alors découvert des étagères et des étagères, pleines de livres. De vrais livres du temps d'avant !

Je n'en avais vu qu'une seule fois, dans une salle secrète de la BRAVE, et j'en avais été terriblement impressionné. Après tout, cet objet est mille fois plus rare qu'une pièce de viande. Et plus défendu aussi.

D'un large geste, Eldro Bibeau m'a désigné les rayons de sa bibliothèque :

— Mon héritage ! Ils appartenaient à mon arrière-grand-père.

Son rire de tonnerre a éclaté.

— Dans la famille, nous sommes « génétiquement » dissidents.

Génétiquement assez étranges, aussi, pour se transmettre *leur* histoire, de génération en génération. Ainsi, Eldro Bibeau sait qu'en 2090 son ancêtre et bien d'autres critiquaient déjà l'Ensemble. Ce qui pouvait leur coûter cher : perte d'emploi, disparition pure et simple... L'État était toujours prêt à sacrifier les libertés individuelles au profit du bien commun.

Tout le contraire de la philosophie Bibeau !

Avec une petite bande, l'arrière-grand-père d'Émile a décidé de mettre les livres à l'abri. L'histoire de l'humanité leur avait enseigné ce qui allait suivre.

— Et ses leçons étaient fiables, Samuel. Bientôt, l'Ensemble a organisé de grands feux de joie avec les livres. Tu sais comment on appelle ça ? Des autodafés. Après quoi, toutes les communications ont été réservées à l'informateur public ou aux colonnes de connaissances. Les gens ne sauraient que ce qu'on voulait leur dire. Ils ne pourraient même plus se faire conter d'histoires. Envolés les romans, les fictions jouées et presque tout autre plaisir individuel !

En parlant de plaisir individuel, je ne fréquente presque plus le sportodôme. Solie continue de s'y entraîner, pendant que je reste seul dans sa chambre, à lire.

J'adore ça, tourner les pages, comme on respire, et plonger dans ce monde étrange qui nous a précédés et qui a si mal tourné. Émile a des livres de toutes sortes et même des essais sur l'écologie, parmi lesquels les premières mises en garde contre les conséquences du réchauffement de la planète. Souvent, elles sont écrites par des auteurs qui ont inspiré l'Ensemble. Je reconnais sur les couvertures plusieurs noms de nos héros.

Drôles de lectures pour un membre de la SAUCE ! Un soir, en entamant mon délicieux filet de porc, j'ai demandé à Émile :

— Pourquoi êtes-vous contre l'Ensemble ? Ses fondateurs ont eu raison d'attaquer le système du temps d'avant. Imaginez ce qui serait arrivé s'ils n'avaient pas pris le pouvoir ! Il n'y aurait sans doute plus de vie sur cette Terre ! Qui aurait su rétablir aussi rapidement le climat, l'ordre, l'économie, le respect de la nature ?

Émile a soupiré.

— En effet, Samuel, ils ont eu raison. Comme tout ce qui a révolutionné le monde, leur mouvement est parti des meilleures intentions… pour finalement mal tourner. Disons qu'il s'agit d'une sorte de cycle naturel. Et ce même cycle veut aussi qu'un jour les dictatures soient renversées. Nous en sommes là aujourd'hui : renverser la dictature de l'Ensemble. C'est notre devoir. « Vis libre ou meurs ! », telle était la devise de mon arrière-grand-père.

— Et la mienne ! s'est exclamée Solie.

— La mienne aussi !

J'ai lancé ça sans réfléchir, emporté par mon rôle d'agent d'infiltration. N'empêche qu'au fil de mes soirées, je me sens glisser dans la SAUCE, toujours davantage, sans rien pour me retenir… Je ne l'ai même pas dit à papa, pour les livres. Des fois qu'il m'interdirait de les lire !

Émile a dû me juger suffisamment «éduqué », à la longue. Ce soir, après tant de discussions et de déclarations, Solie semble avoir le feu vert pour tout me révéler. Comme si elle s'emparait d'un cadeau longtemps attendu, elle m'attire à ses côtés, sur le lit, et se met à tout déballer.

C'est à son tour de me dire un secret. Avant, je dois jurer de n'en parler à personne. Voilà : cette société secrète dont une amie de ma mère aurait été membre existe vraiment ! Son père et elle en font partie. Hou, la révélation ! Je manque de m'évanouir, alors qu'elle me prend les mains et demande :

— Ton cœur est déjà avec nous, non ?

— Tu te moques de moi ?

Elle rit, secoue la tête énergiquement.

— Mon père, il ne fait pas que parler. Il agit. D'ailleurs, il est une des têtes de notre mouvement. Ça s'appelle la SAUVE.

— La SAU…VE ?

— La Société des Anticonformistes Unis pour la Vraie Égalité.

Elle est bonne, celle-là ! Ils ne savent pas qu'ils sont dans la SAUCE ?

— Alors, tu te joins à nous ?

— B… Bien sûr ! Mais qu'est-ce que vous faites au juste ?

— On va renverser le système. Et d'abord, le saboter. C'est ici, à Dubois, que sera frappé le grand coup de départ.

— Comment ?

— Tu verras en temps et lieu.

Elle ne peut s'empêcher de sourire, enchantée par ma mine ahurie. Un grand coup, ici, à Dubois, il y a de quoi m'étonner pour de vrai. Je n'ai même plus besoin de jouer la comédie.

— Est-ce que l'Ensemble connaît votre… notre existence ?

— Oui, mais pas notre force. Même s'ils ont formé une sorte d'armée pour nous espionner et nous combattre : la BAVE.

— La BRAVE ?

— Non, non, pas la BRAVE, la BAVE, le Bras Armé Vengeur de l'Ensemble.

Cette fois, je dois me retenir de réagir trop fortement. Je me contente d'un :

— Ça ne fait pas très gentil, comme nom.

— Ils ne sont pas gentils du tout. Ils nous traquent partout… Si seulement ils se contentaient de nous tuer ! Quand ils arrêtent l'un des nôtres, c'est pour le torturer, lui laver le cerveau, puis s'en servir comme esclave.

Soudain, Solie est en pleurs.

— Ma mère n'est pas morte. En fait, ELLE est morte, mais son corps vit quelque part, à l'état de robot. Si tu savais. Ils sont abominables !

Nous sommes toujours assis sur le lit, mais il me semble que tout a basculé. Ébranlé, désorienté, balancé dans mon propre monde que je ne reconnais plus, j'attire mon amie dans mes bras. Est-ce que je lui ferai subir le sort de sa mère ?

Je la serre de plus en plus fort, comme si ça pouvait anéantir tout ce qui va suivre.

Peu à peu, elle se calme, prend du recul et me demande :

— Je ne t'ai pas fait peur, au moins ?

— Non, seulement, je suis bouleversé… et heureux. J'osais à peine rêver d'une telle chose. Plus rien ne sera jamais pareil, tu comprends. Ma… ma vie a maintenant un sens. Merci, merci Loli. C'est un cadeau inestimable.

Nous nous embrassons entre les rires et les larmes. Je me sens étourdi. Qui embrasse Solie à cet instant ?

Minimax ?

Samuel ?

Moi ?

14

J'ai du brouillard dans la tête. Plusieurs jours ont passé et je n'ai toujours pas parlé à papa des révélations de Solie. Si je mets la Foudre dans le coup, je devrai peut-être cesser mon double jeu et reléguer définitivement les Bibeau dans le camp adverse. Je les aime trop pour ça, je suis bien obligé de me l'avouer. Et, après tout, je ne connais pas encore leur plan.

J'ai le temps…

Enfin, peut-être plus que quelques minutes. Émile prend un air grave, après le dessert, tandis que sa fille semble sur le point de s'envoler, tellement elle est joyeuse.

— On passe à l'action, prononce-t-il comme un verdict à mon intention. Une opération sans précédent pour la SAUVE sera menée, ici, à Dubois. Et elle sera confiée à un jeune commando de choc dont tu feras partie, Samuel, avec Solie, Paul Nadeau et Jacques Morris.

J'encaisse mal le choc. J'aurais voulu que nos soirées tranquilles durent toujours. Que nos amours durent toujours. Que la

SAUVE ne passe jamais à l'action et ne m'oblige pas à la trahir. Je m'efforce néanmoins de paraître ravi.

— En quoi consiste la mission ?

Eldro Bibeau se lève, l'œil malicieux et va dans sa chambre. Solie sourit, complice, sans un mot, jusqu'à ce qu'il revienne et me mette sous le nez une boule rouge, tenue entre son pouce et son index.

— Cette jolie « cerise » est une bombe. Je viens d'en recevoir plus d'une centaine que vous allez dissimuler dans des endroits stratégiques, aux installations du barrage Hubert-Reeves. Fini l'électricité, partout et surtout à Montréal ! Et, crois-moi, nous saurons profiter de la situation !

Mes yeux écarquillés le font rire.

— Ces bombes sont inoffensives, à moins d'être amorcées et déclenchées à distance. Ce qui ne se fera pas avant quelques semaines, au jour J. Vous courrez tout de même un risque en les installant : celui de vous faire repérer, ce qui mettrait fin à notre grand projet et vous condamnerait...

Sa voix se brise et me voilà inquiet pour Solie.

— Vous allez mettre votre propre fille en danger ?

— Pourquoi pas ? s'exclame-t-elle, insultée. Papa n'a aucune raison de me surprotéger. Je suis une athlète accomplie, tout à fait qualifiée pour cette mission.

— Et qu'est-ce qui me vaut cet honneur, à moi ?

Solie retrouve son sourire.

— Dès que je t'ai vu jouer au drob, j'ai voulu te recruter. C'est pour ça que je t'ai aidé dans la forêt, tu te souviens ?

— Anne et Claudio ne participent pas à la mission ?

— Ils ne connaissent même pas l'existence de la SAUVE. Mais quand notre lutte éclatera au grand jour, ils y prendront part avec joie, comme des milliers d'autres, j'en suis sûre.

— Paul Nadeau ?

— Il n'a pas froid aux yeux et surtout, son père est le directeur du complexe hydro-électrique. Paul y a passé son enfance et connaît parfaitement les lieux. Il nous a même fourni les plans. Et il a une motofilante, comme Jacques. C'est une chance d'avoir avec nous des fils de dirigeants, avec leurs beaux engins. Quand j'y pense ! Comment peuvent-ils nous parler d'égalité, dans cet Ensemble bidon ? Ils nous prennent pour des aveugles ?

— Que fait le père de Morris ?

— Plus haut administrateur de Dubois !

Quand Jacques Morris dit que le système est corrompu, il sait de quoi il parle.

— Vous avez vraiment confiance en ces deux-là ? Malgré ce qui est arrivé ? Tu sais bien que Paul nous en veut à mort. Il va chercher à se venger, non ?

— Paul déteste bien plus son père que nous. Aucune inquiétude !

Nadeau et Morris vont donc trahir leur propre père…

Maxime Bolduc pourra-t-il en faire autant ?

— Crois-tu que ton père aimerait gagner nos rangs ? me demande justement Émile.

Sûr que la Foudre aimerait se joindre à eux ! Sauf que moi, je veux toujours reculer l'échéance. Même le nez collé dessus, je cherche encore à gagner du temps, à garder une marge de manœuvre, comme s'il pouvait y avoir une issue. Alors je réponds :

— Je ne sais pas. Papa est étrange depuis la mort de maman… Très fragile… Je préférerais qu'on le tienne éloigné de tout ça.

Écartée, la Foudre ! Minimax est sans allégeance pour l'instant. Seul avec sa décision.

Émile ramasse la vaisselle avec une dernière annonce : son « commando de choc » se réunira ici même demain soir pour établir le plan d'action.

Submergé par l'émotion, j'accompagne Solie sous sa tente bleue. Je voudrais que les tentures se referment sur nous et nous emprisonnent comme dans un cocon. Nous avons été si bien ici. Tout va trop vite.

— C'est excitant, non ?

— Calcinant ! Mais dis-moi, où prenez-vous ces petites bombes ?

—Il y a des scientifiques de l'Ensemble qui ne gardent leurs meilleures inventions que pour la SAUVE, tu sauras. Nous avons aussi des laboratoires secrets, des usines secrètes. Ici même, à Dubois, papa a un bunker souterrain dans un coin peu fréquenté de la forêt, tout près de la Folta.

Solie sort de sa poche une télécommande miniature.

— Je l'ai toujours avec moi, au cas où ça tournerait mal. Cette clé libère du bunker une autofilante très spéciale. Tu ne peux même pas imaginer ça ! C'est presque une fusée, invisible aux radars. Et je sais la piloter !

La voilà fière comme un paon. Je dis ça comme ça, je n'ai jamais vu de paon…

— Mais qu'est-ce que tu as, on dirait que tu vas pleurer ?

Solie a posé ses mains de chaque côté de ma tête. Une larme glisse vraiment sur ma joue. Je réponds, pour m'en sortir ou… parce que c'est vrai :

— Je t'aime, Solie Valois.

Je vois la télécommande, laissée sur le meuble, à côté. Je la ramasse et l'enferme entre ses doigts :

— Ne perds pas cette clé.

Elle sourit de toute son inconscience, et murmure :

— Je t'aime, Samuel Taillefer. Mon vrai nom est Mauve, Mauve Bibeau.

— Je t'aime encore plus, Mauve Bibeau.

N'empêche que toi, tu ne sauras jamais mon vrai nom.

15

Mon père doit avoir un sixième sens. Depuis quelques jours, les rares heures que nous passons ensemble ressemblent à des interrogatoires. Je lui affirme que je n'ai toujours rien appris. Lui, n'en revient pas, m'inonde de conseils pour soutirer des informations à l'ennemi. Il se méfie, je le sens bien.

Il a raison. C'est comme si le lien qui nous unissait s'était défait, fibre par fibre, et ne tenait plus à grand-chose. L'opération a lieu ce soir sans qu'il soit au courant. Je n'arrive pas à mettre fin à cette histoire. J'ai trop envie de me rendre au bout. Ou presque… Alors peut-être saurai-je dans quel camp je suis vraiment. Je me garde ce choix jusqu'à la dernière seconde qui me sera accordée.

Garnir le complexe Hubert-Reeves de cerises n'engage à rien avant le jour J. Il sera toujours possible de récupérer chaque bombe si Mimimax se décide à livrer la SAUVE à la BRAVE.

Pour l'instant, j'ai seulement hâte que papa parte travailler.

— Tu vas arriver en retard. Arrête de t'inquiéter ! Je te jure que je fais tout mon possible.

Notre plan a été préparé avec minutie.

Je grimpe sur la motofilante de Morris, Solie sur celle de Nadeau. Quelle situation désossante ! Ça me fait mal de la voir blottie contre un autre, alors que j'envisage de la livrer à son bourreau…

Nos étonnantes montures foncent à travers les tourbillons neigeux, silencieuses, comme si de rien n'était. La civilisation a décidément atteint son apogée avec l'Ensemble. Et moi, j'irais instaurer la barbarie avec mes petites boules rouges ? Pourquoi ? Pour permettre à Eldro Bibeau de jeter les bases de la prochaine dictature ?

À quoi joues-tu Minimax ? C'est ridicule et dangereux de poser ces bombes.

Comme si Morris entendait mes pensées, il crie aux vents :

— C'est un grand jour ! Nous allons rendre à l'humanité sa liberté !

Il détache une main du guidon et la tend au ciel, poing fermé. Je l'imite en poussant mon plus terrible cri de guerre. Ça défoule.

Le centre administratif du complexe Hubert-Reeves se démarque des constructions d'ici par ses deux étages hors terre et par une sorte de coquetterie : tout le tour, le deuxième étage est décalé de dix centimètres par rapport au premier. Un immeuble de granit noir, massif, sans fenêtres, éclairé par des projecteurs. Les bureaux sont fermés à cette heure et l'endroit désert a un aspect quasi sacré. On croirait un monument ancien défiant la neige et l'oubli.

Les motofilantes à l'écart, nous rampons vers notre cible, évitant autant que possible les secteurs éclairés.

Nadeau s'adosse au mur, dans la portion la plus obscure, tout près d'un coin. Morris grimpe sur ses épaules, moi sur les siennes et Solie sur les miennes. Nous avons pratiqué la manœuvre ces derniers jours et la réussissons sans mal : Solie atteint l'étroit palier entre les deux étages.

— Tu avais raison, Paul, il y a un creux, assez profond !

Elle y enfonce une bille explosive, sous la neige accumulée.

Et de une !

Nous répétons l'opération aux trois autres coins. Selon les artificiers de la SAUVE, les murs et le toit tomberont à l'intérieur du centre administratif, entraînant l'effondrement de tous les étages souterrains les uns sur les autres, jusqu'au fond.

C'était vraiment un jeu d'enfant ! Nous sautillons d'excitation.

Je me sens d'ailleurs comme un enfant ignorant, chose rare. La BRAVE ne m'a pas équipé d'implants informatifs sur la production d'électricité. Je me fie donc aveuglément aux directives de la SAUVE. Si je ne comprends pas la recette, j'en connais le résultat : nous allons créer un maximum de dégâts aux différentes installations de production et de contrôle.

Le deuxième bâtiment à garnir est un vaste complexe entièrement souterrain. Une fois nos motos dissimulées près d'une bouche d'entrée secondaire, Nadeau sort de son sac la manette qu'il a subtilisée à son père. Il la tend vers la porte et le tour est joué. Nous entrons par une aile désaffectée. Il y a même un placard vide où laisser nos bulles thermiques sans danger. Nous suivons ensuite un long corridor, au bout duquel Paul et Jacques tournent à gauche, Solie et moi à droite.

Pas de quoi se sentir nerveux. À cette heure-ci, seuls les robots travaillent et la surveillance n'est, paraît-il, pas élevée. Je saisis de mieux en mieux à quel point la BRAVE sous-estime la force de la SAUVE et l'envergure possible de ses attaques !

Il n'y a aucune caméra dans les corridors. Mais dans les salles, nous avançons comme des fourmis, entre d'énormes machines dont j'ignore la fonction. Solie consulte un plan compliqué et m'indique par où glisser mes cerises dans le ventre des monstres clignotants.

Au bout d'une heure, toutes nos bombes sont placées. Solie me donne le baiser du vainqueur et nous retournons vers la sortie, le cœur léger.

Vlan ! En tournant le coin d'un corridor, il apparaît : un type vient vers nous, une tasse à la main. Je sais ce que j'ai à faire. Je repousse Solie dans le corridor d'où nous arrivons. À l'abri du mur, je lui ordonne de ne pas bouger et je fouille dans mon sac pendant que le type accélère le pas, criant :

— Hé ! vous deux ! Qu'est-ce que vous faites là ?

Je sors mon effaceur mémoriel devant les yeux médusés de ma compagne :

— Qu'est-ce…

Je vise le type : halo mauve, touché ! Il vient de perdre trente secondes, ne nous a jamais vus et se concentre maintenant sur le liquide qui s'est renversé de sa tasse. Moi, je pousse Solie à l'intérieur de la salle la plus proche. Une dose d'effaceur dans son dos et je fais aussitôt disparaître l'arme dans mon sac. Elle se retourne, éberluée, et se contente de demander :

— Tu crois qu'il nous a vus ?

— Non, non…

On entend le type passer de l'autre côté de la porte contre laquelle nous sommes tapis.

— C'est fou, avoue Solie, j'ai eu si peur en le voyant ! Je ne me suis même pas rendu compte qu'on se réfugiait ici.

— Moi non plus !

Nous rions nerveusement. À la SAUVE, on soupçonne sans doute l'existence de l'effaceur mémoriel, mais personne ne peut en témoigner de façon certaine. En être atteint, c'est l'oublier à l'instant. Solie n'imagine pas ce qui vient de lui arriver et je me félicite d'avoir emmené mon arme, réglée à la dose minimale, au cas où...

Nous reprenons notre marche vers la sortie, cette fois aux aguets.

Nadeau et Morris nous attendent dans le placard, leur bulle thermique sous le bras. Solie s'empresse de leur raconter l'incident. Eux n'ont eu aucun pépin.

Trois installations plus modestes reçoivent ensuite leur part de billes. Si je me décide à parler à la BRAVE, j'en aurai long à dire sur la sécurité dans les endroits stratégiques ! N'empêche que, sans Nadeau, les passes et les plans de son père, nous n'aurions sans doute pas pu envisager une pareille mission.

La dernière étape sera la plus excitante. Tellement que nous avons tiré au sort l'équipe qui allait l'accomplir. Et les gagnants sont... Solie et moi !

Il nous faudra pénétrer dans une curieuse tour de métal, traversée par un rail aérien. Nadeau n'a pas de machin spécial pour ouvrir la porte. Il a déjà visité l'intérieur et se souvient bien de ce qui s'y passe. Un truc secret se trouve là-dedans. Une sorte de réacteur qui ne doit pas dépasser une certaine température et que l'on refroidit par un système aussi simple que de la neige.

Voilà la raison de ce rail aérien, où des wagons se suivent à intervalles de dix minutes. Ces derniers font le plein de neige sous des grues robotisées, puis pénètrent dans la tour par une ouverture automatique. Là, ils déversent leur contenu au-dessus du truc secret et ressortent par une seconde trappe.

Comment se fait-il que je n'aie rien dans mes circuits informatifs sur cette tour et, surtout, sur ce truc secret ?

Est-ce trop secret pour un agent secret ?

16

On dirait de gros insectes dont les ailes se replieraient vers le haut. Une fois chargés de neige, les wagons referment les deux battants de leur couvercle, formant la voûte sur laquelle nous devrons bientôt sauter. Mais avant, nous survolons le site, pour bien l'étudier et visualiser la séquence des mouvements que nous aurons à effectuer.

Ça y est, je lève le pouce, imité par Solie : nous sommes prêts !

Morris descend vers le prochain chargement, je me mets en position de sauter, les deux pieds sur le même ski de la motofilante. Mon pilote règle sa vitesse sur celle du wagon… À moins de deux mètres, je plonge dessus. Aïe, l'atterrissage est brutal ! Inquiet, je surveille la manœuvre de Nadeau. Solie se tient prête, mais elle est encore à plus de trois mètres.

À deux mètres, elle s'élance, atterrit durement à mes côtés et se met à glisser sur la paroi du couvercle bombé. Je m'agrippe du mieux que je peux, lui tends un pied qu'elle saisit. Je tire. Ouf ! La revoilà d'aplomb. Il ne nous reste que quelques secondes pour prendre position, à plat ventre, légèrement sur le côté du couvercle, l'un derrière l'autre, une jambe et les mains au sommet. La jambe pour ne pas glisser, la main de façon à replier nos doigts dans la mince rainure entre les deux battants.

La paroi de la tour arrive vite ! On a l'impression d'aller s'écraser contre un mur. Difficile de ne pas sauter ! Enfin, un pan coulisse, mais l'ouverture est si étroite que je sens mes doigts en effleurer le haut. Je retire aussitôt mon pied et me donne un élan pour bondir loin du wagon. Par bonheur, les indications de Nadeau sont justes : Solie et moi roulons sur un sol de métal, à la hauteur des rails.

L'endroit est faiblement éclairé, il y fait chaud. Nous regardons le wagon poursuivre son chemin. À quelques mètres devant lui, une section du sol s'ouvre en deux volets, vers le bas, créant une sorte de trou lumineux au bord duquel il s'immobilise. Deux puissants bras en forme de « T» surgissent alors du plancher, de chaque côté du wagon. Tel un étau, ils le serrent entre leurs barres et l'emportent jusqu'au centre de l'ouverture. On entend quelque chose comme une seconde trappe qui s'ouvre, à l'étage au-dessous. Une forte chaleur monte. Les barres du « T» pivotent sur leur axe, renversant complètement le wagon, dont le couvercle s'ouvre. La neige tombe d'un bloc. Plouf !

Il y a un formidable bruit d'ébullition, tandis que la trappe se referme sur un nuage de vapeur. Les « T» retournent à leur position initiale, remettant leur charge sur les rails puis s'enfonçant sous le plancher.

Le wagon rabat son couvercle. Il s'ébranle et passe sur la trappe refermée. Une portion du mur s'ouvre, le temps de le laisser sortir.

Il ne reste que cinq minutes avant l'arrivée du prochain chargement. Solie et moi devons assister à la manœuvre suivante, histoire de mieux nous concentrer et d'observer encore ce qui se passe. En attendant, nous sortons notre dernière bombe de son boîtier spécial. Pas une cerise rouge, mais une verte que nous irons fixer avec un ruban ultra adhésif sur chacun des deux pans amovibles du plancher.

Une fois amorcée à distance, cette bombe éclatera au premier petit choc, soit quand les battants s'immobiliseront d'un coup sec en position ouverte. La SAUVE compte ainsi causer un maximum de tort au truc secret qui se trouve au-dessous.

Ça y est ! Le wagon fait son entrée. Il nous redonne l'impressionnant spectacle de son déchargement… puis repart vers la sortie. Nous avons de nouveau cinq minutes. Solie court sur la trappe. Zut ! Moi, j'échappe ma cerise verte.

— J'ai perdu ma bombe !

Je cherche à tâtons. Il me semble l'avoir entendue rouler vers les rails… Je l'ai ! Non. Elle… elle s'enfonce dans le sol ?

— AAAAAAAAH !

Au cri, je me retourne. La trappe s'est ouverte ! J'accours, affolé. Solie pend dans le vide, se retenant au bord du plancher de tous ses doigts. Je me jette à plat ventre, enserre ses bras de mes mains. Je tente de la tirer vers moi, mais rien n'y fait, je ne suis pas assez fort.

Loin au-dessous d'elle se trouve une autre trappe qui, bien qu'elle soit fermée, dégage une chaleur à nous brûler les joues. Les yeux suppliants de Solie sont soudés aux miens. Mon cœur bat à tout rompre. Pour rien au monde je ne voudrais qu'elle aille s'écraser sur cette plaque incandescente !

En fait, je ne supporterais pas qu'il lui arrive le moindre mal.

Ce dont je me doute depuis des semaines m'éclate au visage : je ne serai jamais capable de la trahir.

Je lui parle comme si les mots pouvaient la retenir.

— J'ai appuyé sur quelque chose qui a ouvert la trappe, une sorte de bouton. Elle va bien finir par se refermer. Tiens bon, ma Loli ! Je t'aime !

— Le reste du mécanisme ne s'est pas déclenché… Rien ne dit que la trappe va se refermer… Le prochain wagon va arriver…

— Je t'aime aussi, Samou.

Elle sanglote.

— Tais-toi, Solie.

Mes bras vont lâcher, les siens aussi, je le sens. Nos yeux restent soudés.

Je fais un pacte fou avec les forces du destin : si on s'en sort, je jure de suivre Mauve Bibeau dans la SAUVE. Je le jure sur la tête de mon père !

Ça marche ! Les portes de la trappe commencent à remonter vers les pieds de mon amour. Mais presque aussitôt, j'entends s'ouvrir le mur de la tour. À quelques mètres derrière moi, le prochain wagon approche. Je crie à ces stupides battants de faire vite, plus vite ! Enfin, il y en a un qui vient supporter les pieds de Solie, la soulève. La terrible douleur quitte mes bras avec la tension.

Juste comme Solie pose un genou sur le plancher, la trappe recommence à s'ouvrir sous elle. Les rails grincent de plus en en plus. Nous avons à peine le temps de rouler de côté, l'un sur l'autre, pour éviter d'être renversés dans ce maudit trou !

Le bruit de la manœuvre est assourdissant, mais nous ne voyons rien, trop occupés à nous embrasser comme des fous. Et Solie me glisse à l'oreille, toute fière, qu'elle a fixé sa bombe avant de perdre pied. Bon petit soldat !

Dès que le wagon reprend sa course, elle sort une lampe du sac qu'elle avait heureusement gardé en bandoulière. Elle éclaire le plancher et retrouve ma bombe contre le rail, à quelques centimètres du gros bouton rouge sur lequel j'ai sûrement pesé. Sans perdre une seconde, elle va la fixer sur l'autre battant de la trappe.

— On a un wagon de retard, constate-t-elle. Ils vont s'inquiéter dehors.

— C'est trop bête… J'aurais dû prendre ma lampe.

Elle me cloue le bec d'un autre baiser, tandis qu'arrive le nouveau chargement. Nous assistons au déversement, tremblants, après quoi nous escaladons le wagon. Cette fois, nous nous couchons chacun sur un battant, car aussitôt la sortie passée, le couvercle doit s'ouvrir en prévision de l'emplissage.

Notre dernière manœuvre sera délicate. On craint que le wagon vide soit déstabilisé et renverse si un seul de nous deux reste accroché plus longtemps que l'autre au battant grand ouvert. Nous devrons donc sauter simultanément. Pour l'instant, nous enfonçons le plus possible nos doigts entre les deux battants du couvercle, tout en prenant soin de retirer notre pied du sommet, juste avant qu'il soit coincé par le haut de la trappe. Il ne faudra pas lâcher prise…

Les motofilantes nous attendent, volant plus bas que les rails. Voilà, le couvercle se soulève ! Comme il n'y a pas d'appui pour nos pieds, nous nous retenons à bout de bras. Difficile, après l'incident de tout à l'heure ! L'exercice est terriblement douloureux.

Morris est bien positionné, juste sous moi. Je pourrais lâcher prise maintenant et tomber à cheval derrière lui. Sauf que Nadeau a du mal à ajuster sa course. Soudain, Solie crie :

— Je n'en peux plus ! Un, deux, trois, saut !

J'obéis, attrapant comme prévu la motofilante de Morris. Solie tombe sur une dizaine de mètres et disparaît dans la neige… avec mon cœur, je le jurerais !

Nos motofilantes piquent dans la même direction. Heureusement, sa chute a laissé une trace. Nous posons nos motos l'une derrière l'autre, tout près, et très vite, nous décidons d'une marche à suivre.

Moi, je n'ai plus de force. Morris se glisse à plat ventre sous son engin, en travers des skis. Nadeau passe du sien au nôtre. Il met ses pieds entre les mains de Morris et bascule devant lui. Les bras tendus au-dessus de sa tête, il plonge jusqu'à la taille dans la faille creusée par Solie. Morris rampe pour ne retenir ses pieds qu'à un seul ski, ce qui permet à Nadeau de descendre encore d'un mètre et demi dans le trou.

— Il agite les jambes ! crie Morris. Remontons-les !

Je prends les commandes de la moto, la faisant glisser de côté, de façon à tirer Morris qui tire Nadeau qui tire Solie hors du trou, les mains sous ses aisselles. Nadeau réussit à grimper sur sa moto et à hisser Solie devant lui. Elle n'a pas perdu conscience, mais semble très faible. Morris remonte en selle et nous décollons tous les quatre vers Dubois. Je serre le dos de Morris comme je voudrais serrer ma Loli. Comment se porte-t-elle, si loin de moi ?

Notre mission est un succès complet. Eldro Bibeau en pleure de joie. Il nous étreint à tour de rôle, deux fois plutôt qu'une, sort ses réserves personnelles et illicites de délirium, porte un toast à la SAUVE, imagine déjà une statue de nous quatre, dressée pour des siècles sur la grande place d'un monde nouveau et amélioré dont nous serons à jamais les héros.

Moi, Minimax, fils de la Foudre et de la Renarde, j'aurai permis la fondation d'un régime instauré par la SAUCE !

Je ne veux pas y penser. Seulement enlacer Solie dans mes bras douloureux. Elle en a bien besoin.

C'est elle que j'ai choisie, voilà tout.

17

Depuis notre mission, un drôle de décompte s'est amorcé. Le jour J va arriver sans qu'on sache quand exactement. Si bien que je me sens paralysé dans la course du temps, malgré les trois semaines qui ont passé.

En parlant du temps, Solie a pris tout le sien, cet après-midi, et nous sommes les derniers à quitter l'école. Elle force son chemin dans la poudrerie, silencieuse, jusqu'à ce qu'elle me saisisse le bras et m'entraîne contre une bouche d'entrée, à l'abri du vent. Je reconnais l'endroit où Nadeau et Morris avaient essayé de m'attaquer, la première fois que je l'avais accompagnée.

— Paul et Jacques vont nous rejoindre ici, me dit-elle justement.

À mon regard interrogateur, elle répond par trois mots :

— C'est pour demain.

Et ces trois mots mettent fin à ma carrière à la BRAVE. Je me sens à la fois bouleversé et soulagé.

À partir de demain, je n'aurai plus à mentir, dissimuler, subir les remarques de papa qui s'étonne du peu d'informations que me « rapportent » mes « amours ». Hier, il m'a même ressorti sa « bonne vieille expérience ».

— Tu verras, Max, plus les jours passeront, plus tu t'attacheras à ton amie et plus tu trouveras difficile de la trahir. Mais rappelle-toi que, d'une façon ou d'une autre, toute cette bande court à sa perte.

Se doute-t-il de quelque chose ? J'aurais juré qu'il cherchait à me faire revenir sur ma décision. Et avec une de ces salades ! Selon lui, les fanatiques de la SAUCE sont aveuglés par leur rêve au point de ne plus voir qu'ils sont à un contre mille et que ça ne leur laisse aucune chance. Tout le tort qu'ils pourront causer ne rapportera absolument rien. Et mon rôle est justement d'empêcher ce gâchis !

— C'est quoi, ton sermon ? Tu doutes de moi ?

— Mais non, es-tu fou ?

La Foudre s'est forcé à rire, mais ça manquait d'élan. Il a vite retrouvé son sérieux, m'a pris par les épaules pour me déclarer de sa voix la plus grave :

— Je sais seulement que le moment venu, ce sera dur pour toi. Je veux te faire comprendre que tu ne peux pas sauver Solie. C'est son père qui la condamne, pas nous.

J'ai dégagé mes épaules, tourné les talons et répliqué négligemment :

— Je commence à me demander s'ils trament vraiment quelque chose, vois-tu ? Ils sont peut-être seulement planqués ici, en attendant une mission ailleurs. Va savoir !

— TOI, va savoir ! Et vite !

— Si tu penses que je n'essaie pas !

Maintenant, je sais qu'il n'y aura sans doute plus d'autre scène du genre, puisque Solie vient de dire : « C'est pour demain ». Il ne me restera donc que les quelques minutes de ce soir à partager avec papa, avant le jour de la trahison.

J'ai eu beau me préparer à ça, c'est pire que je le croyais. Mais rien ne me fera changer d'idée. J'ai bien calculé mon geste. Si je trahis mon père, il n'en mourra pas. Si je trahis Solie, ils la tueront ou, pire, en feront un zombie.

Minimax est bel et bien mort, le futur Maximax aussi... Reste Samuel Taillefer, que je n'aime pas beaucoup. Et Mauve Bibeau, que j'aime. Ma belle Loli qui piétine d'impatience, juste à côté de moi, et qui scrute le ciel enneigé à la recherche de Nadeau et de Morris.

— Les voilà !

Les deux motofilantes se posent et leurs conducteurs s'approchent au point que nos bulles thermiques se touchent presque. Solie sourit, triomphante.

— J'ai choisi ce petit coin parce qu'il échappe aux caméras. Je ne sais pas pourquoi... Un oubli... Comme un trou dans le filet de l'Ensemble. Il y en a sûrement d'autres et c'est à partir d'eux que nous allons tout déchirer. Voilà pourquoi je vous donne en cet endroit symbolique vos ultimes instructions à Dubois !

Elle a le sens de la cérémonie, ma reine. Mais pourquoi « ultimes » ?

— Nous partons demain. Les membres de la SAUVE doivent tous se retrouver à l'entrepôt 18 de la Foltà, entre 23 heures et minuit. Vous savez, le bâtiment rouge en bordure de la forêt ? Un aérobus nous y prendra. On n'emporte rien, compris ? Vous venez à pied, sans vous regrouper. Si quelqu'un vous précède de peu, laissez-le prendre de l'avance.

— On va où ? demande Morris.

— Surprise !

Moi, je veux connaître les raisons de ce départ.

Le plus banalement du monde, Solie m'apprend qu'à partir de minuit, demain soir, il n'y aura plus rien de possible à Dubois. Nos deux cerises vertes auront fait sauter le réacteur. Toute la région en sera contaminée, condamnée à jamais, avec ses installations électriques irréparables.

— Et les gens… Papa ?

— Ton père se trouvera alors dans les bureaux de la Folta, non ? Il sera protégé, comme tous ceux qui seront en sous-sol à cette heure-là. Ne t'en fais pas.

Plein de questions se bousculent dans ma tête. Je me demande par où commencer quand une sorte de frottement se fait entendre, tout près. Nadeau se lance autour de la bouche d'entrée et revient en tirant par le bras… Luc Weston qui criaille « qu'il n'a rien entendu ! »

Solie se moque d'une voix froide.

— Tu as donc entendu qu'il y avait quelque chose que tu ne devais pas entendre ?

— Mais non, je le jure !

Weston se débat tellement que Morris lui empoigne l'autre bras.

— Aide-moi, Sam ! me supplie Luc. Je vous ai aperçus de loin, j'étais curieux, c'est vrai, alors j'ai piqué par derrière… Je viens juste d'arriver, je n'ai rien entendu !

— Tu ne serais pas un de ces sales agents de la BAVE ? fait Morris en le secouant.

Je me force à rire, à dire que, voyons, il est bien trop jeune… Le vent emporte tout ça.

Le procès de Luc est déjà terminé. Interloqué, je vois Nadeau et Morris l'entraîner contre la paroi de la bouche d'entrée, s'assurant qu'il n'y a personne ni autour ni au-dessus. Le premier l'empoigne solidement tandis que l'autre arrive à lui passer une corde autour du cou, juste sous sa bulle thermique. Bientôt, il l'enserre si fort qu'il étouffe ses cris. Je dois empêcher ça. Il ne va quand même pas le tuer !

— Arrête ! C'est à Émile de décider !

Il y a un flottement. Luc cherche à se déprendre, donne des coups de pieds. Solie se jette contre ses jambes. Puis elle lève la tête vers les autres et ordonne :

— Assommez-le contre le mur !

Le coup est violent. Luc perd connaissance. Nous l'entourons pour mieux le dissimuler. Solie sort d'autres cordes de sa poche, lui ligote les poignets et les chevilles.

— Emmenez-le au bunker, papa réglera son sort.

Nadeau traîne le corps inerte et le tasse à l'avant de sa moto, à l'abri de la demi-cabine.

Je ne me suis pas encore ressaisi que les deux motofilantes s'élèvent et disparaissent dans la poudrerie. Solie pose une main sur mon épaule.

— Je sais que c'était ton ami… Il ne nous a pas laissé le choix. Pourquoi nous espionnait-il ?

— Parce qu'il s'ennuie !

J'ai crié ça avec rage. C'est trop bête !

Luc a obtenu un sursis, mais je ne me fais aucune illusion sur ses chances. Il sera notre première victime innocente.

Combien y en aura-t-il d'autres ? La tête me tourne.

Solie est si dure, si sûre que rien ne doit passer avant sa cause. Son père en a fait une vraie guerrière. La Foudre aurait-il moins bien réussi avec moi ? C'est comme si Mauve Bibeau venait de donner une leçon à Minimax.

Elle s'accroche à mon bras. Oui, elle a réveillé l'agent secret en moi. C'est lui qui m'empêche de dire ce que j'ai sur le cœur. C'est lui qui pousse Samuel à s'excuser :

— Pardonne-moi, Solie. C'est un choc, ce départ, puis Luc... Je vais vite rentrer à la maison. Il me reste si peu de temps avec mon père. Tu comprends que je sois bouleversé ?

— Bien sûr... Mais la liberté a un prix, Samou, tu le sais ?

— Ne crains rien, je suis prêt à le payer.

Solie me prend la main pendant quelques pas, puis nos chemins se séparent. Je me force à sourire, à lui lancer :

— À demain, ma Loli, pour le grand jour !

18

J'avance machinalement, l'esprit occupé par la scène qui vient de se dérouler. Aurais-je pu sauver Luc ? Si j'avais eu mon effaceur mémoriel, peut-être… Mais encore, ils étaient trois. Un d'eux aurait sans doute réussi à me désarmer. J'aurais été démasqué…

D'une façon ou d'une autre, j'étais coincé. Un membre de la SAUVE ne pouvait se permettre le moindre risque de compromettre la victoire imminente. Un agent de la BRAVE ne pouvait pas davantage compromettre sa mission d'infiltration en éveillant les soupçons. Ni Samuel ni Minimax n'étaient en mesure de sauver Luc. Reste-t-il encore une issue possible ?

Dès qu'il m'aperçoit, mon père demande ce qui ne va pas. Je n'ai même pas pris soin de me calmer avant d'entrer, ou même de me demander si ma décision avait changé. C'est maintenant que la question se pose, comme si mon père la formulait. Tout d'abord, je dois mieux saisir certaines choses :

— Tu connaissais l'existence d'un réacteur qu'il faut refroidir avec de la neige, dans le complexe Hubert-Reeves ?

— Qu'est-ce que tu dis là ? Tu en es certain ?

Je lui fais signe que oui, j'en suis certain. J'aurais annoncé que les membres de la SAUCE viennent de Mars, il aurait été moins abasourdi. L'index levé, il m'indique qu'il revient bientôt à moi, ferme les yeux et communique avec la BRAVE. Au fil de la conversation muette, je vois ses traits passer de l'étonnement à la colère. Quand il ouvre enfin les yeux, il éclate.

— Ils ne sont pas au courant, à la direction principale ! Qui t'a révélé ça ? Solie ?

Je fais encore oui.

— Tu te rends compte ? L'Ensemble a des secrets pour la BRAVE qui n'en sont plus pour la SAUCE !

— Et la BRAVE, elle n'a pas de secrets pour l'Ensemble ?

Je connais déjà la réponse à cette question-là. La BRAVE a toujours voulu exercer son propre pouvoir, en marge de l'officiel. Pas étonnant que la méfiance règne, des deux côtés. J'enfonce le clou :

— Par exemple, l'Ensemble sait-il qu'Eldro Bibeau est ici ? Connaît-il ma mission d'infiltration ?

Papa bégaie que la BRAVE n'entretient pas nos dirigeants de ses moindres faits et gestes, qu'il ne s'agit pas de cachotteries, mais d'économie de bureaucratie. On aurait avisé l'Ensemble du succès de la mission ou, éventuellement, d'un pépin majeur, ça oui ! Mais on ne l'embête pas avec des broutilles.

— Leur manque de transparence est bien pire que le nôtre ! tonne-t-il ensuite. Avoir su qu'Eldro se planquait dans la ville même où l'on expérimentait un réacteur nucléaire, aurions-nous perdu une seule seconde en mission d'infiltration ? Non, nous lui aurions mis la main au collet et c'est tout !

— Et si vous aviez averti nos dirigeants de la présence de l'ennemi ici, ils vous auraient sans doute révélé la présence du réacteur… À moins qu'ils aient d'autres agents, plus secrets que nous… Il y a quelque chose de pourri au royaume de l'Ensemble, père.

— Qu'est-ce que c'est que ces bêtises ?

— Je ne sais pas. Ça sonnait bien, non ?

— Bah ! La raison d'État a ses raisons… L'important, c'est ce que nous savons maintenant.

— Pourquoi est-ce si important ?

Papa se met à marcher de long en large, déballant tout ce qu'il sait sur ce fameux réacteur. Pas grand-chose. En fait, il n'avait entendu que des rumeurs selon lesquelles l'Ensemble aurait entrepris des recherches sur l'énergie nucléaire. Il n'y croyait même pas. Les fondateurs de l'Ensemble avaient interdit pareille entreprise. Comment faire autrement ? Tout au long du grand déclin des années futiles, les catastrophes nucléaires s'étaient multipliées, avaient contaminé des régions pour des siècles, fait des milliers de victimes, saccagé la nature… Sans parler du danger qu'un fou s'en serve comme arme de destruction massive !

Son sac vidé, papa s'écroule sur une chaise. Il bredouille :

— Au moins, l'Ensemble a choisi un endroit désertique pour ces nouvelles recherches. Ça explique aussi les constructions souterraines.

Puis il se tape le front, pris d'une sorte de frénésie.

— S'il fallait que la SAUCE fasse sauter ce réacteur, les conséquences seraient quand même inimaginables. Une sorte de fin du monde, tu m'entends, Max ? Toute l'énergie de l'Ensemble vient d'ici. Et puis, il y aurait des pertes humaines...

Je ne croyais pas suivre Eldro Bibeau aussi loin.

En suis-je capable ? Le pire se prépare, ici, maintenant, et moi je peux l'empêcher.

Ce que je fais, sans plus me poser de questions, la mort dans l'âme.

— Je viens justement d'apprendre qu'ils vont le faire sauter, le réacteur, après minuit demain.

Mon père bondit :

— Comment ?

— Je le sais parce que tous les membres de la SAUCE à Dubois se rassemblent demain à minuit, dans le petit entrepôt rouge de la Folta. Un aérobus va les évacuer juste avant l'explosion. Solie me fait assez confiance pour m'avoir invité à les suivre.

Papa se jette sur moi et m'embrasse sur le front. Il me semble que le sol se dérobe sous mes pieds. Me voilà un double traître. À moins que ce ne soit un triple.

Les deux yeux bien fermés, la Foudre ameute la BRAVE. Quand il revient à moi, c'est pour me questionner et apprendre que des bombes ont déjà été posées un peu partout dans les installations du complexe Hubert-Reeves, dont deux sur une trappe surplombant le réacteur. Des bombes qui seront déclenchées à distance.

Mon implication dans ce haut fait demeurera cependant mon secret.

Papa n'ira pas travailler. Il va gober une pilule simulatrice de fièvre et se mettre au lit avant que les inspecteurs de la Folta viennent enquêter sur les raisons de son absence.

Une seule heure de retard et ils cognent à votre porte !

19

Impressionnés par la simulation de papa, les inspecteurs lui ont interdit d'aller travailler pendant deux jours. Dans son lit, les yeux fermés, la Foudre est resté branché la nuit entière sur les dirigeants de la BRAVE, programmant la marche à suivre pour aujourd'hui. Ils ont décidé qu'il n'y aura aucune arrestation d'ennemis avant minuit ce soir, à l'entrepôt. Comme toute la SAUCE de Dubois doit s'y réunir, elle sera siphonnée d'un seul coup.

Un commando de la BRAVE est arrivé en ville aux petites heures du matin. Des robots dépisteurs et neutralisateurs de bombes ont été lancés dans les installations du complexe Hubert-Reeves. Tout ça dans le plus grand secret et à l'insu des pères de Nadeau et de Morris.

À l'école, toutes les conversations tournent autour de la disparition de Luc Weston. L'enquête est déjà commencée. On nous interroge, Solie et moi, en tant que collègues marcheurs. Bien sûr, nous ne l'avons tout simplement pas vu hier. Je n'ose questionner ma compagne à mon tour. J'ai trop peur de la vérité.

Pour sa part, elle rayonne et s'étonne de ma triste mine. Je m'étonne à mon tour de son manque de compréhension : oublie-t-elle que j'ai perdu un ami et que je m'apprête à laisser derrière moi mon père et tout ce qui a été ma vie jusqu'ici ?

Je quitte l'enfance pour de bon, lui dis-je, et mon engagement exige le plus grand sérieux. Quand elle m'offre ses yeux admiratifs, la reine cède la place à la petite fille. Les lèvres contre mon oreille, elle chuchote que mon arrivée à Dubois était un signe du destin et qu'elle a su le voir. Mon intrépidité a donné à son père l'élan nécessaire, oui, oui, pour la mise en œuvre de notre mission décisive. Elle ajoute qu'elle m'aime et que nous allons vivre ensemble la plus belle des aventures.

Je la serre très fort dans mes bras, les yeux brûlants. J'espère ne jamais connaître de plus grand supplice que cette journée. « Je te trahis et je t'aime. » Voilà tout ce que je pourrais lui répondre. Aussi, je me tais.

J'essaie ensuite d'éviter les tête-à-tête avec elle. Pour une fois, je préfère la compagnie de Nadeau et de Morris. Les tromper me fait moins mal, puis le struli et même le drob sont mieux adaptés à notre fébrilité. Pour ce qui est de la colonne des connaissances, nous lui avons fait de discrets adieux.

L'arpège de dix-sept heures sonne la fin de ma vie d'écolier et celle de mes amours.

Sur le chemin du retour, il me semble à tout moment que Luc va surgir de derrière une bouche d'entrée, riant et criant qu'il m'a bien eu. Mais la ville est plus vide que jamais, un désert blanc où se trouve le point où Solie et moi nous arrêtons, face à face, avant de nous séparer. Elle a une dernière consigne :

— Ce soir, apporte les raquettes que je t'ai données. L'aérobus va vous prendre à l'extérieur des souffleries. Il vous faudra marcher un peu dans la neige.

— Pourquoi dis-tu « vous » ?

— Moi, je prends la superautofilante, avec papa. Le bunker est tout près de l'entrepôt, dans la forêt.

— Vous n'avez pas une place pour moi ?

— Les livres sont déjà à bord. Alors, imagine !

— Comment avez-vous fait ça ?

— Avec l'aide d'un membre camionnaute.

Elle rit avec tant de fierté ! Pour elle, rien n'est à l'épreuve de la SAUVE. Je voudrais éteindre ce rire si attristant avec un dernier baiser. Mais nos bulles thermiques m'en empêchent. Je flatte alors la sienne, avec des mains plus légères que des ailes. Si seulement cette mince paroi pouvait protéger Solie de tout !

Je murmure « à très bientôt. » Elle me souhaite « bon courage. »

— Pourquoi ?

— Pour ton père.

— Ah… oui.

Elle s'éloigne, brouillée par la neige et par mes foutus yeux mouillés.

Les raquettes… Le bunker tout près de l'entrepôt… En marchant, une lueur m'apparaît. La BRAVE ne connaît pas cette consigne pour les raquettes. On croit la forêt impraticable et on ne s'en méfie pas assez…

20

Papa a rejoint son commando depuis longtemps. Moi, je dois me présenter à la Folta, tel que prévu. On nous a demandé d'arriver à pied. Je marche donc une heure pour faire mon entrée juste avant minuit. Le plan de la BRAVE veut que je sois le dernier arrivé ou presque.

Comme le bâtiment est plongé dans l'obscurité, les membres de la SAUVE passent inaperçus. Le commando de la BRAVE aussi. Moi seul sais que des yeux sont braqués sur l'entrepôt, à quelque distance.

Il faut le contourner, entrer par derrière, un côté plus discret, seulement à quelques mètres du mur de neige de la forêt. Quelqu'un ouvre la porte au moment où je passe le coin, jetant un peu de lumière au dehors. Je ralentis le pas, il faut que j'arrive seul. Cette fois, ça fait partie des deux plans.

Avec de grandes inspirations, je calme mes tremblements avant de faire mon entrée.

Une femme coche mon nom sur une liste et constate tout haut que nous sommes maintenant au complet. Je n'ai donc pas de temps à perdre.

Avant qu'Eldro Bibeau commence quoi que ce soit, j'ai la consigne de l'attirer au dehors, à l'avant du bâtiment, où sont postés les agents de la BRAVE. Avec mes meilleurs talents de comédien, je dois lui apprendre ce que je viens juste de voir : quelqu'un a déposé un paquet contre le mur de l'entrepôt, puis s'est éloigné rapidement.

J'entends la Foudre dans ma tête. Il me demande si je suis le dernier, si tout se déroule selon nos calculs. Je lui réponds de me laisser tranquille. Comment pourrai-je paraître naturel si j'entends des voix ?

Il y a moins de monde que j'aurais cru, une vingtaine de personnes que je n'ai jamais rencontrées, à part Morris et Nadeau. Elles se tiennent prêtes, raquettes au dos, et bulle thermique sous le bras. Solie vient m'accueillir en gambadant, le sourire radieux. Je prends mon air d'urgence le plus contagieux :

— J'ai vu un truc louche. Je dois en parler à ton père.

C'est elle qui me prend la main et m'entraîne à la course. Nous rejoignons le chef, juste avant qu'il prenne la parole. Il suffit de lui glisser mon histoire à l'oreille pour qu'il attrape mon air d'urgence. Après avoir fait signe aux autres d'attendre, il se dirige calmement vers la porte donnant sur la forêt.

Tout fonctionne comme prévu. Ce coup-ci, c'est moi qui entraîne Solie vers lui.

Là, je devrais communiquer avec papa pour l'informer que nous sommes dehors, puis accompagner Eldro à l'avant du bâtiment, où se trouve le commando de la BRAVE, allumer ma lampe de poche, repérer le colis suspect déposé par la BRAVE, éclairer Eldro qui se penche pour l'examiner… Un tireur d'élite le mettrait alors en joue, lui envoyant une décharge soporifique. Après quoi ce serait l'assaut final.

Voilà ce que je devrais faire, mais je ne le fais pas. Il n'y a plus de bombes au complexe Hubert-Reeves. J'estime donc ma mission suffisamment accomplie. S'il me reste la plus petite chance de sauver celle que j'aime, je vais la tenter.

Aussitôt passé la porte, je chausse mes raquettes, disant à Solie de faire de même. Par bonheur, elle ne se méfie pas, obéit. Eldro, qui se presse vers le coin du bâtiment, se retourne et revient sur ses pas.

— Qu'est-ce…

Ça, ce n'était pas prévu. J'ai l'impression de quitter mon corps à mesure que les mots sortent de ma bouche :

— Mettez vos raquettes et fuyez au bunker. Tout est fini. La BRAVE a retiré vos bombes.

Solie pousse un faible cri. Son père grogne qu'il va me faire payer ça.

Malgré l'obscurité, je vois l'arme qu'il braque sur moi, Solie qui bondit et le renverse, lui qui se dégage, saute sur ses pieds, tandis qu'un rayon lumineux balaie l'air et le fixe dans toute sa haine, une fraction de seconde avant qu'il s'écroule, endormi.

Je me jette sur Solie toujours par terre, je lui arrache sa bulle thermique et lui ordonne de courir au bunker.

Elle a compris. Elle détale vers la forêt ! Heureusement, il n'y a pour l'instant qu'un seul tireur, dont le rayon cherche vainement sa cible mouvante. Je n'oublie pas de sortir mon endormisseur de ma combinaison et de le jeter par terre. Puis je m'élance derrière Solie. Sa silhouette noire escalade la dune de neige, disparaît entre les troncs. Le rayon passe sur moi et me suit. J'entends mon père dans ma tête, c'est lui qui a tiré sur Eldro et qui m'éclaire. Il me demande ce que je fais. Je réponds qu'avec mes raquettes je suis le seul à pouvoir rattraper Solie. Qu'il ne doit pas nuire à ma concentration. Il me demande encore si tout le monde est arrivé à l'entrepôt. Je dis que oui et je plonge à mon tour dans la forêt.

Là, j'allume ma lampe. Les traces de Solie sont visibles. J'y cours comme sur un sentier, le plus vite possible, longtemps, en me répétant que c'est incroyable, mais que Loli m'a sauvé. Malgré tout.

Soudain, la neige explose à quelques mètres devant moi, libérant une énorme masse sombre.

Mes pires craintes sont balayées : Solie avait sa clé, elle a réussi à faire sortir la fameuse autofilante. J'ai jeté mon endormisseur, mais mon effaceur mémoriel est déjà réglé, prêt à servir. Tout en continuant d'avancer, je le sors, allume son rayon de repérage ultrapuissant et le promène sur l'engin. J'attrape le dos de Solie au moment où elle grimpe à bord. Je vise sa tête nue. Le halo mauve reluit plusieurs secondes dans l'obscurité et celle que j'aime oublie les six derniers mois de sa vie.

Mon amour m'oublie pour toujours.

Je crie à m'en déchirer les poumons :

— Sauve-toi ! Loin ! Danger !

J'éteins ma lampe. Je sens la masse sombre quitter le sol à une vitesse fulgurante. Aucune lumière, aucun son, l'incroyable autofilante s'est fondue dans la nuit !

Décidément, les gens de la SAUVE sont beaucoup plus forts que nous ne le croyions. Je rallume ma lampe et je reviens sur mes pas, soulagé et infiniment malheureux.

La lampe de papa me cherche dans la forêt. Nos faisceaux se croisent, puis nous nous éclairons l'un l'autre, moi sur mes raquettes, lui qui tente péniblement d'avancer, à plat ventre sur les traces de notre fuite.

Mes explications se bousculent, en mode télépathique. Je lui raconte qu'on avait mis nos raquettes pour aller chercher quelque chose au bunker. Moi, je faisais tout pour les amener devant le bâtiment, tel que prévu.

« J'ai dû mal jouer mon rôle, ils se sont doutés de quelque chose, je me suis empêtré... Eldro Bibeau a voulu m'éliminer. J'ai réussi à le désarmer, mais sa fille s'est jetée sur moi. Dans la bagarre, j'ai perdu mon endormisseur. Heureusement, tu as atteint Eldro. Solie en a profité pour prendre la fuite. Je l'ai suivie, sans perdre de temps à chercher mon arme, de peur de me faire semer. Au moins, j'avais mes raquettes aux pieds et mon effaceur mémoriel réglé à moins six mois, en prévision de la pire éventualité... »

Papa et moi, nous nous rejoignons à ce moment du récit et je m'écrie :

— J'ai réussi ! J'ai réussi à effacer sa mémoire, juste à temps !

— Juste à temps pour quoi ?

— Elle a fait surgir une sorte d'engin de la neige. Je n'en reviens pas. Je l'ai visée de loin, au moment où elle se glissait à l'intérieur. J'ai vu le halo mauve. C'est l'essentiel. Puis le truc a décollé comme une fusée, sans bruit, sans aucune lumière !

— Tu veux me faire gober ça ?

— Je te jure ! Sur la tête de maman !

— Bonne version, en tout cas. Je l'adopte, Maxime. Après tout, je t'en dois une, depuis le magasin de porcelaine. Et puis je me sens un peu coupable de t'avoir embarqué là-dedans.

Il trouve le moyen de rire.

— Tu as une sacrée chance que ce soit moi qui aie été posté à l'arrière du bâtiment. Je l'avais demandé. J'avais comme une intuition, vois-tu ? Appelons ça l'instinct paternel…

Nous sortons de la forêt au moment où l'on embarque le corps endormi d'Eldro Bibeau. Je remarque la porte ouverte de l'entrepôt. Des agents en sortent de longs sacs qu'ils entassent contre le mur extérieur.

Mon cœur cogne brutalement.

— Vous les avez TUÉS, tous ?

Sans émotion, papa me met au courant des derniers développements :

— Pour la première fois, l'Ensemble va rendre public un complot terroriste.

Il fait un geste vers les sacs qui s'accumulent en me disant qu'officiellement ces insurgés se sont intoxiqués eux-mêmes avec le gaz artisanal qu'ils croyaient avoir mis au point et qu'ils s'apprêtaient à utiliser contre les innocents travailleurs de la Folta.

— Officiellement, Eldro Bibeau et sa fille compteront au nombre des victimes. En réalité, on a branché la nuit dernière un conducteur de gaz toxique au système d'aération. On devait le lâcher dès que tu nous donnais le signal. Finalement, c'est moi qui l'ai donné.

— Et si je n'avais pas réussi à faire sortir Émile ? Si je n'avais pas réussi à sortir moi-même ?

— On avait aussi un conduit de gaz soporifique. On vous endormait, on sortait Bibeau et toi… Et Solie, bien sûr. Puis on envoyait l'autre gaz. Mais on avait des doutes sur les effets du gaz soporifique dans une telle superficie.

— Tandis qu'avec le gaz mortel, vous avez déjà de l'expérience ?

Papa ne daigne pas répondre à ma question. Il va rejoindre le chef du commando. Les sacs continuent de sortir du petit entrepôt rouge, un à un. Je suis pris d'une terrible nausée. Cette fois, la guerre éclate au grand jour.

Ai-je vraiment choisi mon camp ?

Les enquêteurs ont vu les traces de lutte, la bulle thermique de Solie, arrachée et abîmée. Ils ont retrouvé dans la neige le pétrifieur d'Eldro Bibeau et mon endormisseur. Ils ont entendu mon témoignage et celui de l'insoupçonnable Foudre.

Par chance, deux pilotes chargés d'intercepter l'aérobus de la SAUCE, puis lancés à la recherche de la fugitive, ont remarqué la lueur mauve, là-bas, dans la forêt. Sa durée ne leur a pas laissé le temps de réagir, mais elle indiquait, selon leurs estimations, plusieurs mois de suppression mémorielle. Je n'aurai donc pas à subir de chirurgie esthétique.

De la super autofilante, ils n'ont cependant rien vu. Elle a traversé la nuit sous leur nez, tel un fantôme. Ne restait plus que le bunker ouvert, éclairant la nuit. En le survolant, ils ont aperçu une silhouette : quelqu'un sautait à pieds joints dans la neige qui s'engouffrait à l'intérieur et menaçait de l'ensevelir.

Ils se sont posés pour rescaper Luc, toujours ligoté, et l'amener ensuite à l'entrepôt où j'ai expliqué sa présence au bunker. Lui ne disait pas un mot, éberlué, en profond état de choc. On l'a d'abord endormi pour quelques minutes, le temps de lui effacer la mémoire depuis sa dernière sortie de l'école et de l'abandonner dans une rue de Dubois.

Quand le pauvre s'est réveillé, il est entré à la maison, sans pouvoir expliquer ce qui lui était arrivé. Il a subi des interrogatoires, on a enquêté. En vain.

Au bout d'une semaine, il est revenu à l'école, l'air un peu lointain. J'y étais aussi, obligé de jouer l'étonné avec Anne et Claudio. Comment nos amis avaient-ils pu nous cacher une chose pareille ? Comment avaient-ils pû nous laisser en marge ? Les aurions-nous suivis ? Comme eux, j'avais le cœur brisé par leur mort, me retenant toutefois de leur révéler le plus important : Solie s'en était tirée !

À nous aussi, on a fait subir des interrogatoires. Pour la forme. Dans les coulisses, j'avais tout arrangé, disculpé ceux qui n'étaient pas à l'entrepôt de la Folta.

Depuis cet attentat manqué, la police officielle et la population connaissent l'existence de la BRAVE et de la SAUCE – je n'ai pas réussi à faire adopter « SAUVE». Tous se découvrent donc à la fois « menacés » et « protégés ». Je dirais que ça n'a pas changé grand-chose.

Il m'a fallu traîner mon mal dans les corridors de l'école pendant trois semaines, avant de pouvoir annoncer que mon père avait trouvé un nouvel emploi à Montréal. Quand le trainfilant nous a arrachés à Dubois, j'ai saisi à quel point je n'étais plus le même.

De nombreuses arrestations ont suivi celle d'Eldro Bibeau, sans qu'on retrouve sa fille.

À Montréal, le printemps tarde. Je n'ai quitté ni mon père ni ma vie, comme je l'avais prétendu à Solie. J'ai seulement quitté mon enfance.

Les missions de capture ne m'amusent plus, la grandeur de l'Ensemble ne me fascine plus. Pour l'instant, je joue le jeu. En habitué. Si Minimax est toujours agent de la BRAVE, Maximax est devenu agent libre. C'est mon secret et mon engagement.

Je sais maintenant que je ne serai pas mon père, même si je l'aime toujours.

J'écoute, j'observe, je réfléchis. J'ai la chance d'en savoir plus que les autres, d'être parfois au bon endroit au bon moment. Peut-être un jour pourrai-je prendre une décision qui pourra changer le cours des choses pour le bien de tous.

Je me tiens aux aguets.

Il m'arrive souvent de rêver à la belle Solie, ma meilleure ennemie. Je me prends alors à sourire, en pensant à tous ces livres qu'elle a emportés.

Dans la collection Graffiti

26. *Peau d'Anne*, roman de Josée Pelletier
27. *Orages en fin de journée*, roman de Jean-François Somain
28. *Rhapsodie bohémienne*, roman de Mylène Gilbert-Dumas
29 *Ding, dong !*, 77 clins d'oeil à Raymond Queneau, Robert Soulières, Sélection The White Ravens 2006
30. *L'initiation*, roman d'Alain M. Bergeron
31. *Les neuf Dragons*, roman de Pierre Desrochers, finaliste au Prix des bibliothèques de la Ville de Montréal 2006
32. *L'esprit du vent*, roman de Danielle Simard, Grand Prix du livre de la Montérégie – Prix du jury 2006
33. *Taxi en cavale*, roman de Louis Émond
34. *Un roman-savon*, roman de Geneviève Lemieux
35. *Les loups de Masham*, roman de Jean-François Somain
36. *Ne lisez pas ce livre*, roman de Jocelyn Boisvert
37. *En territoire adverse*, roman de Gaël Corboz
38. *Quand la vie ne suffit pas*, recueil de nouvelles de Louis Émond, Grand Prix du livre de la Montérégie – Prix du public et Prix du jury 2007
39. *Y a-t-il un héros dans la salle n° 2 ?* roman de Pierre-Luc Lafrance
40. *Des diamants dans la neige*, roman de Gérald Gagnon
41. *La Mandragore*, roman de Jacques Lazure
42. *La fontaine de vérité*, roman d'Henriette Major
43. *Une nuit pour tout changer*, roman de Josée Pelletier
44. *Le tueur des pompes funèbres*. roman de Jean-François Somain

PROTÉGEONS
NOS FORÊTS

Ce livre a été imprimé sur du papier Sylva enviro 100 % recyclé, traité sans chlore, accrédité Éco-Logo et fait à partir d'énergie biogaz.

Achevé d'imprimer
à Cap-Saint-Ignace
sur les presses de Marquis Imprimeur
en août 2008